rororo

Zu diesem Buch

Das Ei des Kolumbus stellt sprichwörtlich eine Sammlung der hinterhältigsten Knobeleien der letzten Jahrhunderte dar. Es gilt, einen klaren Kopf zu behalten, denn oft liegt die Lösung in dem, was in der Aufgabenstellung *nicht* genannt wird. Logisches Denken und ungewöhnliches Kombinieren werden mit diesem Rätseltyp geschult. Viele der hier zusammengestellten Aufgaben haben mittlerweile Kult-Status. Als zusätzliches Vergnügen liefert der Lösungsteil die Herkunftsgeschichten der prominenten Knobeleien.

Heinrich Hemme, Professor am Fachbereich Maschinenbau und Mechatronik der Fachhochschule in Aachen, ist ein großer Liebhaber mathematischer Denksportaufgaben. Er gestaltet eine entsprechende Rätsel-Kolumne bei *bild der wissenschaft* und veröffentlichte bereits zahlreiche Bücher. Bei *science* erschienen: *Mensch, ärgere dich nicht* (61575) und *Die magischen Vierecke des Abul Wafa* (61969).

Heinrich Hemme

Das Ei des Kolumbus

und weitere hinterhältige Knobeleien

Mit Illustrationen von
Matthias Schwoerer

Rowohlt Taschenbuch Verlag

5. Auflage März 2010

Originalausgabe
Lektorat Angelika Mette
Veröffentlicht im Rowohlt Taschenbuch Verlag,
Reinbek bei Hamburg, Juli 2004

Fachliche Beratung der Reihe
Eva Ruhnau, Humanwissenschaftliches Zentrum,
Ludwig-Maximilians-Universität, München
Redaktion Annalisa Viviani
Die Abbildung «The Pony Puzzle» auf Seite 75
ist leicht verändert übernommen aus:
Sam Loyd, Martin Gardner
«Mathematische Rätsel und Spiele»,
DuMont Verlag, Köln 2004
Umschlaggestaltung any.way, Barbara Hanke
(Foto: Premium)
Satz Garamond Postscript, QXP 4.1 bei
KCS GmbH, Buchholz bei Hamburg
Druck und Bindung CPI – Clausen & Bosse, Leck
Printed in Germany
ISBN 978 3 499 61927 4

Inhalt

Vorwort

Der italienische Händler und Amerika-Reisende Girolamo Benzoni erzählt in seinem 1565 in Venedig erschienenen Buch *Geschichte der Neuen Welt* von einem Festmahl bei Kardinal Mendoza im Jahre 1493. Christoph Kolumbus war gerade von seiner ersten Amerika-Reise zurückgekehrt und auch zu dem Mahl geladen. Die meisten Gäste Mendozas waren der Ansicht, Kolumbus' Entdeckung sei nichts Außergewöhnliches. Jeder hätte sie schon vorher machen können, wenn man nur früher daran gedacht hätte. Da hielt Kolumbus ein Ei hoch und fragte, wer es auf die Spitze stellen könne. Niemandem glückte es. Nun nahm er es selbst, drückte die Schale an der Spitze ein wenig ein und stellte es auf den Tisch.

Man mag Kolumbus' Lösung als unfair empfinden und sich sagen: «Wenn ich daran gedacht hätte, dass das erlaubt ist, hätte ich es natürlich auch geschafft.» Entscheidend ist jedoch häufig – sowohl im Großen bei wissenschaftlichem, wirtschaftlichem oder politischem Fortschritt als auch im Kleinen beim Lösen einer Denksportaufgabe –, nicht nur das zu tun, was auch alle anderen machen. Klüger ist es meistens, nur das zu unterlassen, was ausdrücklich verboten ist, als nur das zu tun, was ausdrücklich erlaubt ist. Und Kolumbus hatte Mendozas Gästen nicht verboten, das Ei zu beschädigen.

Versucht man ein Problem zu lösen, so ist der Bereich, in dem man die Lösungen finden kann, immer eingeschränkt. Die meisten Beschränkungen sind vom Problem selbst vorgegeben und können nicht verändert werden. Manche Beschränkungen aber schafft man sich unwillkürlich selbst. Diese Denkbeschränkungen stammen von Vorurteilen, Traditionen oder Gewohnheiten. Kolumbus hat eine solche Denkschranke aus dem Weg geräumt, als er die Spitze des Eis eindrückte. Auch viele Probleme dieses Buches lassen sich nur lösen, indem man solche Denkschranken erkennt und überwindet.

Eine zweite Gruppe von Aufgaben dieses Buches ist so einfach, dass jeder sie sofort lösen könnte, wenn sie direkt und ohne Beiwerk gestellt werden würde. Aber das werden sie nicht. Ganz im Gegenteil: Sie werden so gestellt, dass das Denken des Lesers gezielt in die falsche Richtung gelenkt wird und er dadurch die Lösung, wenn überhaupt, nur noch mit größter Mühe findet.

Andere Aufgaben scheinen nur mit einem größeren mathematischen Aufwand gelöst werden zu können. Doch versucht man einmal, nicht in den gewohnten Bahnen zu denken, so kann man einen eleganten Kunstgriff finden und kommt dann ohne die langwierigen Standardmethoden der Schul- und Hochschulmathematik aus.

Bei einem weiteren Typ von Problemen glaubt man, schnell eine Lösung gefunden zu haben, und muss dann feststellen, dass sie falsch ist und dass die richtige Lösung völlig anders aussieht, als man erwartet hat.

Dieses Buch gibt auch einen kleinen Einblick in die Geschichte des Denksports. Er werden die jeweils ältesten bekannten Quellen der Probleme angegeben und Vorläufer und Varianten davon vorgestellt.

Roetgen, im Frühjahr 2004 *Heinrich Hemme*

Denksportaufgaben

1. Das Ei des Kolumbus

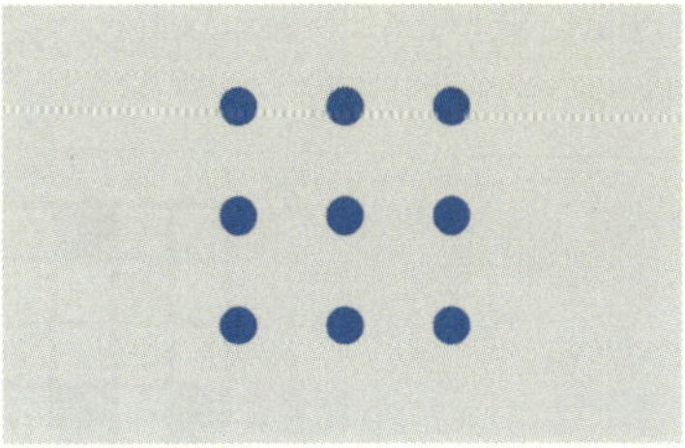

Der amerikanische Rätselerfinder Sam Loyd stellte vor etwa hundert Jahren die Aufgabe, diese neun Kreise mit dem Bleistift in einem Zug miteinander zu verbinden, ohne den Stift dabei abzusetzen. Außerdem sollte der Linienzug nur aus vier geraden Teilstücken bestehen; der Bleistift konnte folglich nur dreimal seine Richtung ändern. Ist diese Aufgabe lösbar?

2. Ist Loyd schlagbar?

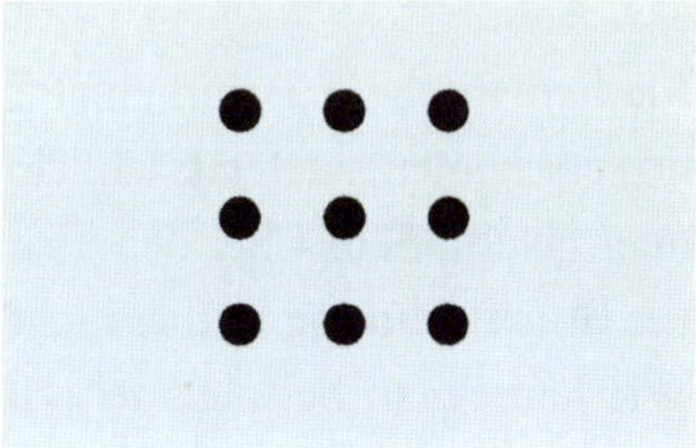

In Sam Loyds Problem «Das Ei des Kolumbus» sollen neun Kreise mit dem Bleistift in einem Zug miteinander verbunden werden, ohne dass der Stift abgesetzt wird. Die Linie darf dabei aus nur vier geraden Teilstücken bestehen.
Geht es auch schon in einem Zug mit drei geraden Teilstücken? Und wenn nein, warum nicht?

3. Die geheime Botschaft

Dieses 7 × 7-feldige Quadrat enthält eine verschlüsselte Botschaft. Wie lautet sie?

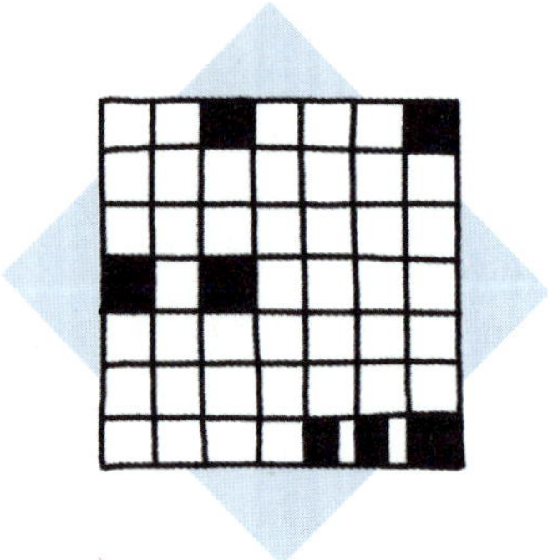

4. Die Geheimnisse der Bruchrechnung

Mathematische Zusammenhänge, die jedem völlig offensichtlich erscheinen, auch tatsächlich zu beweisen, ist oft schwerer, als man glaubt. Selbst bei den vier Grundrechnungsarten und bei der Bruchrechnung ist dies nicht immer unbedingt leicht.
Wie kann man beispielsweise folgende Behauptung beweisen? Ein Bruch, bei dem der Zähler größer ist als der Nenner, kann nicht gleich einem anderen Bruch sein, bei dem umgekehrt der Nenner größer ist als der Zähler.

5. Die Klatschbase

Dr. Altmann arbeitet erst seit einigen Wochen im Marienhospital und kennt niemanden in der Stadt. Der Chefarzt und die Oberschwester sehen es nicht gern, wenn jemand aus der Ärzteschaft und jemand vom Pflegepersonal miteinander ausgehen. Deshalb hat Dr. Altmann heimlich, ohne dass die Oberschwester etwas bemerkt hat, eine Verabredung in einem kleinen Café am Stadtrand getroffen.

Beide sitzen nun in einer gemütlichen Nische im Dämmerlicht. Er hat sich einen Kaffee und sie einen Tee bestellt.

Er: «Ich wundere mich, dass Sie mit einem so alten Mann wie mir ausgehen.»

Sie: «So jung bin ich auch nicht mehr. Ich werde in drei Monaten vierzig.»

Er: «Tatsächlich? Sie sehen viel jünger aus als ich, dabei bin ich nur ein paar Jahre älter als Sie.»

Sie: «Wie alt sind Sie denn?»

Er: «Wenn Sie für jedes meiner Lebensjahre einen Cent nehmen, den Preis meines Kaffees dazuzählen und anschließend 20 Cent abziehen, erhalten Sie den Preis Ihres Tees.»

Die größte Klatschbase des Marienhospitals sitzt zufällig im Café in der Nachbarnische und verfolgt neugierig die Unterhaltung. Sie vertauscht jedoch versehentlich die Preise vom Kaffee und vom Tee. Trotzdem kann sie aus dem belauschten Gespräch Dr. Altmanns Alter richtig ermitteln.

Wie alt ist Dr. Altmann?

6. Das Flaschenpfand

Eine Flasche Sprudel einschließlich des Flaschenpfands kostet 1,20 Euro. Der Sprudel ist einen Euro mehr wert als die Flasche. Wie hoch ist das Flaschenpfand?

7. Die Linie im Dreieck

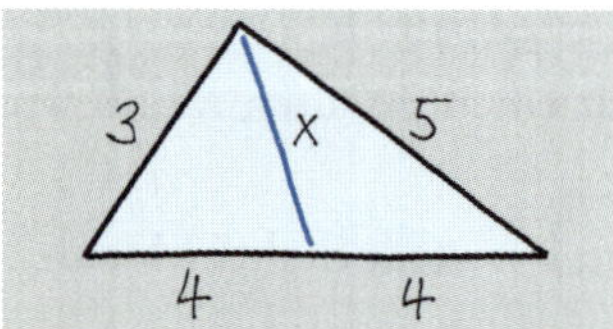

Eine der einfachsten Figuren der Geometrie ist das Dreieck. Wenn aber das Dreieck weder gleichseitig noch rechtwinklig ist, können Berechnungen daran dennoch recht kompliziert sein. Wie lang ist die Strecke x in diesem Dreieck?

8. Auf den Hund gekommen

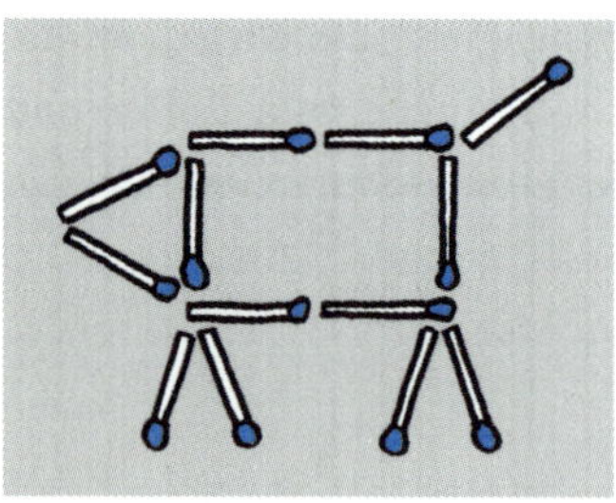

Aus dreizehn Streichhölzern kann man das Bild eines Hundes legen, der mit erhobenem Schwanz nach links läuft. Ist es möglich, nur zwei Hölzer umzulegen, damit der Hund anschließend nach rechts schaut?

Die Aufgabe wäre leicht zu lösen, wenn der Hund nach dem Verlegen der Streichhölzer den Schwanz gesenkt halten dürfte. Aber das ist nicht erlaubt.

9. Der Würfelkalender

In vielen Kaufhäusern und Büroartikelgeschäften findet man Schreibtischkalender, die nur aus zwei Holzwürfeln bestehen und in einem Halter liegen. Auf jeder Seite der beiden Würfel ist eine einzelne Ziffer gedruckt. Die Vorderseiten der Würfel zeigen, wenn man sie passend nebeneinander in den Halter legt, die Monatstage von 01 bis 31. Welche Ziffern müssen auf den Würfelseiten stehen?

10. Die Mathematik der Wäscheleine

Die Kurve, die ein durchhängendes Seil bildet, heißt in der Mathematik Kettenlinie. Die zwischen zwei Masten gespannte Stromleitung sowie die Absperrungskette zwischen zwei Pfosten haben beispielsweise diese Form. Auch in der Architektur taucht sie auf: Der Längsschnitt der Kuppel der St.-Pauls-Kathedrale in London ist eine auf dem Kopf stehende Kettenlinie.

Die Gleichung der Kettenlinie ist $y = A \cosh (x/(A+B)) + C$, wobei cosh der hyperbolische Kosinus ist und *A*, *B* und *C* Konstanten sind, die durch die Länge der Kette und ihre Durchhängetiefe bestimmt werden.

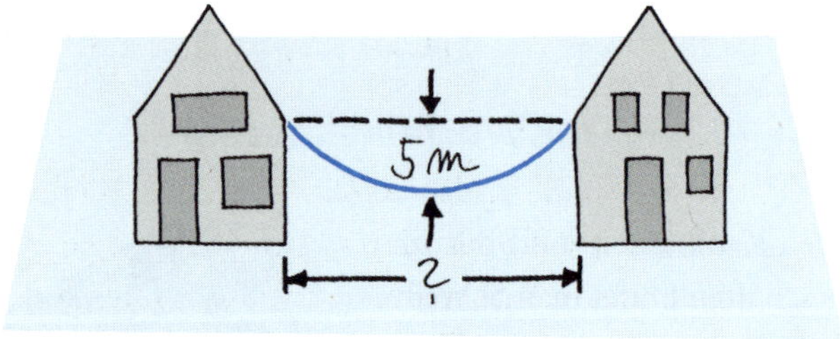

Zwischen zwei Häusern ist eine Wäscheleine gespannt. Sie ist genau zehn Meter lang und hängt in der Mitte fünf Meter durch. Welchen Abstand haben die beiden Häuser?

11. Das Streichholzquadrat

Vier Streichhölzer liegen so auf dem Tisch, wie es die Abbildung zeigt. Ein Streichholz soll nun so verschoben werden, dass die Hölzer anschließend ein Quadrat bilden. Ist dieses Problem lösbar?

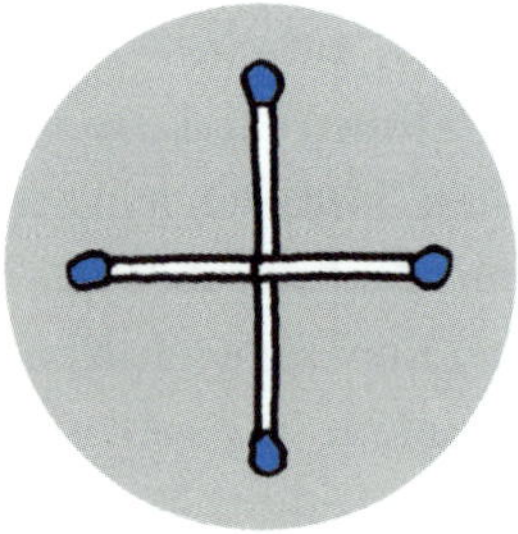

12. Die Berechnungen von Professor Moriarty

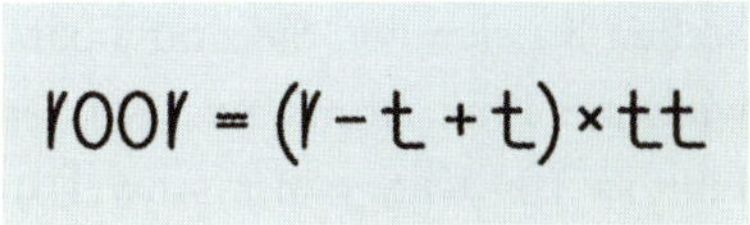

Direkt nachdem Professor Moriarty die Herrentoilette des Pentagons verlassen hatte, untersuchte Sherlock Holmes gründlich den Raum. In einem Abfalleimer fand er einen Zettel, auf dem Moriarty eine anscheinend kodierte Rechnung notiert hat. Wie lautet die Rechnung im Klartext?

13. Eine unmögliche Verbindung

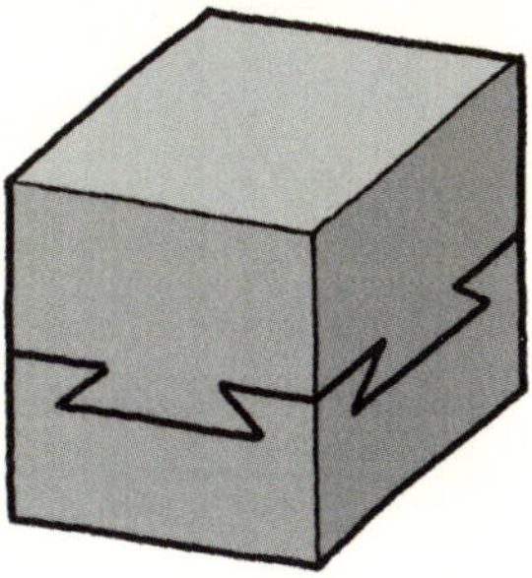

Ein Holzwürfel besteht aus zwei Hälften, die durch zwei Schwalbenschwänze miteinander verbunden sind. Beide Schwalbenschwanzverbindungen sind durchgehend, laufen also jeweils von einer Seite des Würfels zur anderen. Die hintere und die linke Seite sehen also genauso aus wie die vordere und die rechte. Kann man die beiden Würfelhälften trennen, ohne das Holz zu beschädigen?

14. Das Gewicht des Taxifahrers

Stellen Sie sich vor, Sie sind Taxifahrer und müssen ein übergewichtiges Ehepaar mit zwei Kindern zum Flughafen fahren. Die Frau ist 104 Kilogramm schwer, und die beiden Kinder wiegen zusammen 50 Kilogramm mehr als ihr Vater. Das Gewicht des Mädchens plus dem des Taxifahrers ergibt das Gewicht des Mannes. Der Junge wiegt ein Viertel des Gewichts seiner Mutter mehr als seine Schwester. Wie schwer ist der Taxifahrer?

15. Streichholzdreiecke

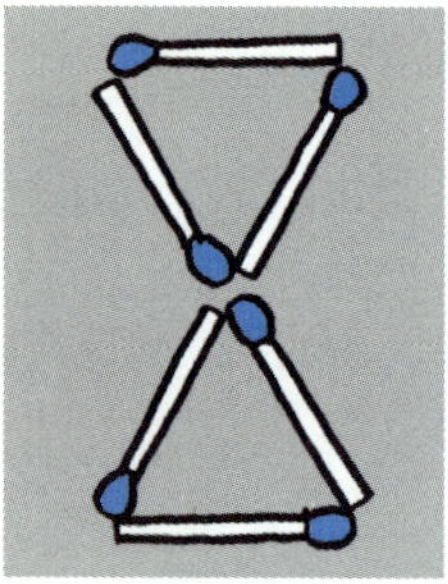

Diese sechs Streichhölzer bilden zwei gleichseitige Dreiecke mit einer Seitenlänge von einem Streichholz. Sie dürfen nun drei Hölzer in eine andere Position bringen. Danach sollen die sechs Streichhölzer vier gleichseitige Dreiecke bilden, deren Seiten alle ein Streichholz lang sind. Ist dies möglich?

16. Die Geometrie des Viertelkreises

Obwohl der Kreis die einfachste aller geometrischen Figuren ist, können Berechnungen am Kreis verblüffend schwierig sein.

In ein kartesisches Koordinatensystem ist ein Viertelkreis gezeichnet, dessen Mittelpunkt *M* im Ursprung des Systems liegt. Der Punkt *B* teilt die Strecke *AM* in einen vier und in einen drei Zentimeter langen Abschnitt. In *B* steht eine Senkrechte auf der *x*-Achse, die den Kreisumfang in *C* schneidet. Auf dieser Senkrechten wird in *C* eine weitere Senkrechte errichtet, die die *y*-Achse im Punkt *D* schneidet. Wie lang ist die Strecke *BD*?

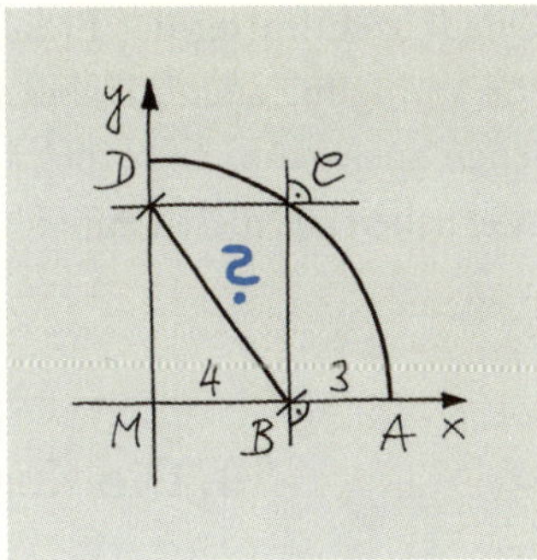

17. Des Bundeskanzlers Ahnen

Der Bundeskanzler hat einen Vater und eine Mutter und somit zwei Vorfahren in der Generation vor seiner. Sein Vater und seine Mutter hatten auch jeder einen Vater und eine Mutter, also hatte er vier Vorfahren in der Generation zwei vor seiner. Drei Generationen zurück hatte er acht, vor vier Generationen sechzehn Ahnen. Die Anzahl seiner Vorfahren in der *n*-ten Generation vor seiner beträgt also 2^n.

Da der Abstand zwischen zwei Generationen im Mittel 25 Jahre beträgt, so hatte der Bundeskanzler vor 62 Generationen um das Jahr 450 etwa 4,6 Trillionen direkte Vorfahren. Das sind so viele Menschen, dass jedem seiner Vorfahren in dem Jahr gerade ein

Quadratzentimeter der Erdoberfläche einschließlich der Meere zur Verfügung stand. Dabei sind die Ahnen der anderen Menschen noch gar nicht berücksichtigt.
Wie haben alle diese Leute Platz auf der Erde gefunden?

18. Die Kunst des Teilens

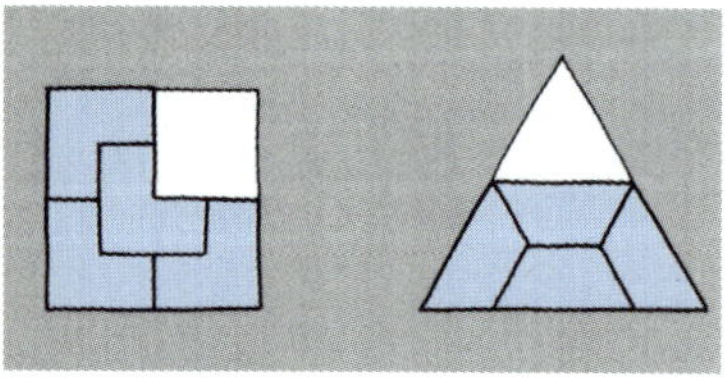

Wenn man aus einem Quadrat eine Ecke herausschneidet, so ist es möglich, die verbleibende Fläche in vier deckungsgleiche Teile zu zerlegen. Auch ein gleichseitiges Dreieck, dem die Spitze weggenommen wurde, kann in vier deckungsgleiche Stücke zerschnitten werden.
Kann nun aber ein vollständiges Quadrat auch in fünf deckungsgleiche Teile zerlegt werden? Die Form der Stücke darf beliebig bizarr sein, wichtig ist nur, dass alle Teile deckungsgleich sind. Zwei Stücke gelten auch dann noch als deckungsgleich, wenn man ein Stück erst umklappen muss, bevor man es mit dem anderen zur Deckung bringen kann.

19. Römisches Zahlenkauderwelsch

Im Mittelalter gelangte über die Araber das indische Zahlensystem mit der Null und dem Stellenwertsystem ins Abendland, das

darin bestand, die Stellung eines Zahlzeichens innerhalb einer Zahl zur Kennzeichnung der Zahlengröße auszunutzen, anstatt für immer größere Zahlen immer neue Zahlzeichen zu erfinden. Vorher hatte man in ganz Europa die sehr umständlichen römischen Zahlzeichen verwendet und mit dem additiven Zahlensystem gerechnet, bei dem es üblich war, die Zahlzeichen mit dem größten Wert beginnend von links nach rechts zu schreiben. Stand eine kleinere Zahl vor einer größeren, so war ihr Wert von dieser abzuziehen. Schon allein das Schreiben der römischen Zahlen erscheint uns heute als ein kleines Kunststück, aber damit zu rechnen, kommt uns beinahe unmöglich vor.
Versuchen Sie einmal, elftausendelfhundertundelf als römische Zahl zu schreiben.

20. Das Sternpuzzle

Kopieren Sie diese fünf Figuren auf ein Stück Karton, schneiden Sie sie aus und ordnen Sie sie anschließend so an, dass sie einen

regelmäßigen fünfzackigen Stern bilden. Alle Kartonstücke müssen für den Stern benutzt werden und dürfen sich nicht überlappen.

21. Das Einmaleins des Alphabets

$(a-x)^z \times (b-x)^y \times (c-x)^x \times \ldots \times (z-x)^a$

Versuchen Sie, dieses Produkt aus sechsundzwanzig Faktoren möglichst weit zu vereinfachen. Die Buchstaben haben die Werte, die ihrer Stellung im Alphabet entsprechen, also $a = 1$, $b = 2$, $c = 3$, …, $z = 26$.

22. Die verschwundenen Dreiecke

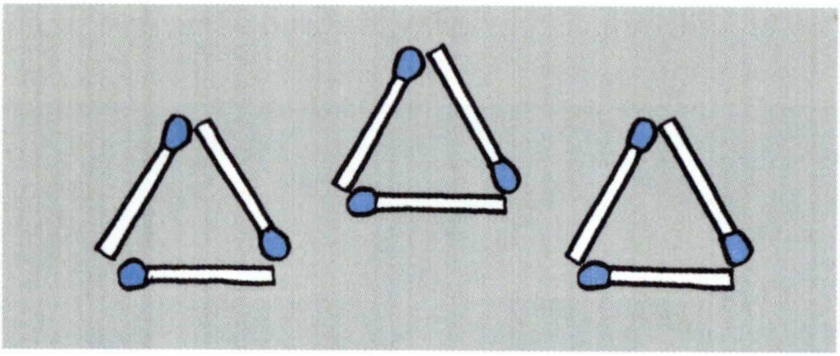

Kann man in diesem Muster zwei Streichhölzer so verschieben, dass kein Dreieck übrig bleibt?

23. Der Sprung der Springer

Auf jedem der fünfundzwanzig Felder eines 5 × 5-feldigen Schachbretts steht ein Springer. Mit allen fünfundzwanzig Figuren soll nun gleichzeitig ein Zug gemacht werden; anschließend muss jedes Feld wieder von einem Springer besetzt sein. Es sind natürlich nur die beim Schach üblichen Springerzüge erlaubt.
Wie müssen die einzelnen Züge aussehen? Wie viele verschiedene Möglichkeiten gibt es?

24. Eine seltsame Schrift

Dieses seltsame Muster ist eine Schrift. Versuchen Sie, das Wort, das in dieser Schrift gedruckt ist, zu entziffern.

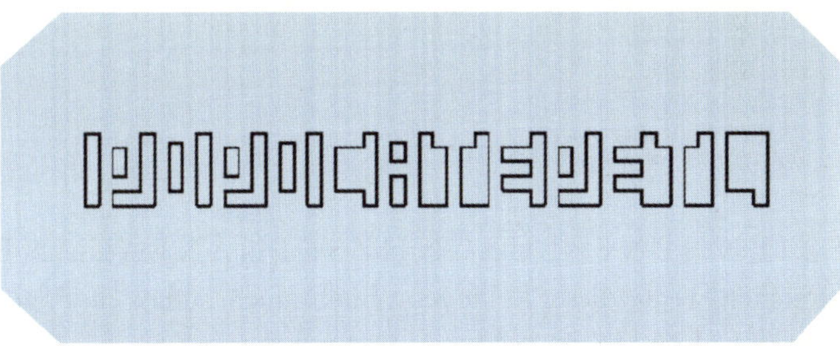

25. Verschachtelte Dreiecke

Zwei gleichseitige Dreiecke und ein Kreis liegen so ineinander, dass der Kreis der Inkreis des großen und der Umkreis des kleinen Dreiecks ist. Wie viel Mal größer ist die Fläche des großen Dreiecks als die des kleinen?

26. Kalis irdische Verwandte

Stellen Sie sich vor, Sie stehen an einem Ostersonntag im belebten Aachener Hauptbahnhof, und der Bahnhofsvorsteher bietet Ihnen folgende Wette an: «Ich wette um hundert Euro, dass mindestens eine der nächsten zehn Personen, die die Bahnhofshalle betreten, überdurchschnittlich viele Arme hat.»
Würden Sie die Wette annehmen?

27. Die versteckte Pflanze

E Z I E N H P N F B L U A C N H Z S E T N A N B A E M N E
Streichen Sie aus dieser Reihe zehn Buchstaben, sodass ein Pflanzenname übrig bleibt.

28. Das E-Puzzle

Kopieren Sie die drei Figuren aus der Skizze auf ein Stück Papier, schneiden Sie sie aus und stellen Sie damit den Großbuchstaben E dar.

29. Die Quadratur der Streichhölzer

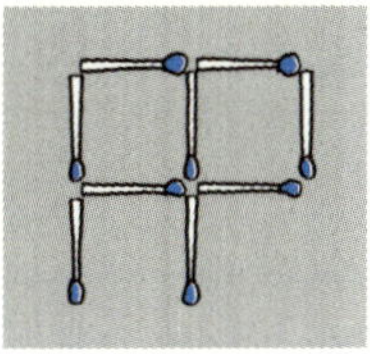

In diesem Muster aus neun Streichhölzern sollen zwei so umgelegt werden, dass drei gleiche Quadrate von einem Holz Seitenlänge entstehen.

30. Doppelt so groß und doch zu klein

Zwei Figuren sind im mathematischen Sinn ähnlich, wenn sie zwar verschiedene Größen haben, aber in ihrer Form, ihren Winkeln und Proportionen völlig übereinstimmen. Beispielsweise sind die beiden folgenden Dreiecke einander ähnlich.

Mit dem größeren Dreieck lässt sich das kleinere vollständig abdecken.

Gibt es ähnliche Sechsecke, deren entsprechende Längen im Verhältnis 2:1 stehen und von denen das größere das kleinere nicht völlig bedecken kann? Wenn nein, warum nicht?

31. Eine schwierige Fehlersuche

Bruchrechnen ist eine Kunst, die nicht jeder beherrscht. Selbst das Entdecken von Fehlern in einer Bruchrechnung ist nicht leicht. In dieser Aufgabe sind vier Fehler.

$$\frac{1}{2} - \frac{1}{3} + \frac{1}{5} - \frac{1}{7} = \frac{47}{210}$$

$$5 + \frac{1}{2} \times \frac{1}{3} = \frac{11}{6}$$

$$\frac{3}{4} \div \frac{1}{3} - 1 = \frac{5}{4}$$

$$\frac{2+3}{\frac{1}{2}+\frac{1}{3}} = 1$$

$$\frac{2}{3} \div \frac{4}{5} \times \frac{6}{7} = \frac{5}{7}$$

Finden Sie alle Fehler in dieser Aufgabe.

32. Dr. Watson und das Vorzeichen

London, Baker Street 221b. Sherlock Holmes und Dr. Watson sitzen sich bei einem Glas Portwein gegenüber.
Sherlock Holmes: «Wirklich gute Detektive sind meistens auch gute Mathematiker, denn beiden Berufen liegt die Logik zugrunde.»
Watson: «Ach ja?»
Sherlock Holmes: «Wie Sie sicherlich wissen, lieber Freund, habe ich eine viel beachtete Arbeit über den binomischen Lehrsatz geschrieben.»
Watson: «Ich habe sie gelesen, aber nicht verstanden.»
Sherlock Holmes: «Häufig sind Trivialitäten die schwierigsten Probleme der Mathematik. Zum Beispiel das Vorzeichen. Zahlen können positiv oder negativ sein.»
Watson: «Ich verstehe nicht, worauf Sie hinauswollen.»
Sherlock Holmes: «Ich will Ihnen ein Beispiel geben. Versuchen Sie, folgende Aufgabe, einschließlich des Vorzeichens, richtig zu lösen: Wie viel ist null Komma neun minus null Komma zehn?»

33. Seltsame Vorfahren

Kann der Vater älter als der Großvater sein?

34. Wem die Stunde schlägt

Manche Menschen behaupten, sie könnten zwar die Quadratwurzel aus mehrstelligen Zahlen im Kopf ziehen, aber mit dem Dreisatz hätten sie Probleme. Gilt das auch für Sie? Versuchen Sie, folgendes Problem ohne Taschenrechner und ohne Bleistift und Papier zu lösen.
Eine Kirchturmuhr braucht zehn Sekunden, um fünf Uhr zu schlagen. Wie lange braucht sie, um elf Uhr zu schlagen?

35. Wie Faulpelze Licht einschalten

Im Erdgeschoss eines Hauses sind drei Lichtschalter an der Wand montiert; an den kleinen Lämpchen der Kippschalter kann man erkennen, ob sie ein- oder ausgeschaltet sind. Mit diesen Schaltern kann man drei Glühbirnen auf dem Dachboden einschalten. Sie wissen jedoch nicht, welcher Schalter zu welcher Birne gehört.
Alle drei Schalter stehen in Aus-Stellung. Wie oft müssen Sie

mindestens auf den Dachboden steigen, um festzustellen, welcher Schalter zu welcher Glühbirne gehört?
Ihnen stehen keinerlei Hilfsmittel zur Verfügung, und niemand hilft Ihnen. Sie können vom Erdgeschoss aus auch nicht sehen, ob die Lampen auf dem Dachboden brennen oder nicht.

36. Die Hälfte von zwölf

Können Sie beweisen, dass die Hälfte von 12 genau 7 sein kann?

37. Die Flucht über die Hängebrücke

Vier Forscher sind mitten in der Nacht im Dschungel auf der Flucht vor einem kriegerischen Stamm. Sie kommen an einem reißenden Fluss an, über den nur eine schmale Hängebrücke ohne Geländer führt. Die Brücke ist so beschaffen, dass sie höchstens zwei Mann trägt; zudem kommt man ohne Licht nicht ans andere Ufer.
Die Forscher müssen möglichst schnell den Fluss überqueren, da die Krieger ihnen schon auf den Fersen sind. Sie haben aber nur eine einzige Taschenlampe bei sich und benötigen, da nicht alle gleichermaßen sportlich sind, unterschiedlich lange für einen Weg über die Brücke: Der eine braucht zwei, der andere vier, der dritte acht und der vierte zehn Minuten.
Wie schnell können es die vier Forscher alle zusammen schaffen, über den Fluss zu kommen?

38. Der liebe Kollege

Angenommen, einer Ihrer Arbeitskollegen, mit dem Sie noch nie besonders gut zurechtgekommen sind, sagt zu Ihnen: «Ich wette um einen Euro, dass wenn Sie mir fünf Euro schenken, ich Ihnen dafür zehn Euro wiedergebe.»
Wäre es klug, die Wette anzunehmen?

39. Der Primzahltanz

37 ist eine Primzahl, also eine Zahl, die nur durch sich selbst und durch 1 teilbar ist. Nun feiern siebenunddreißig Ehepaare ein Fest, und alle tanzen. Jeder Mann hat sich unter den siebenunddreißig Frauen seine Tanzpartnerin völlig zufällig ausgewählt. Wie groß ist die Wahrscheinlichkeit, dass genau sechsunddreißig Frauen mit ihren Ehemännern tanzen?

40. Die Weltreise nach Nordosten

Ein Flugzeug startet von einem Flugzeugträger im Golf von Guinea am Schnittpunkt des Nullmeridians mit dem Äquator und fliegt mit einer Geschwindigkeit von 500 km/h genau nach Nordosten. Es ändert seinen Kurs und seine Geschwindigkeit während der gesamten Reise nicht. Der Erde hat einen Durchmesser von 12 756 km.

Wie viele Stunden nach dem Start überfliegt das Flugzeug wieder den Äquator?

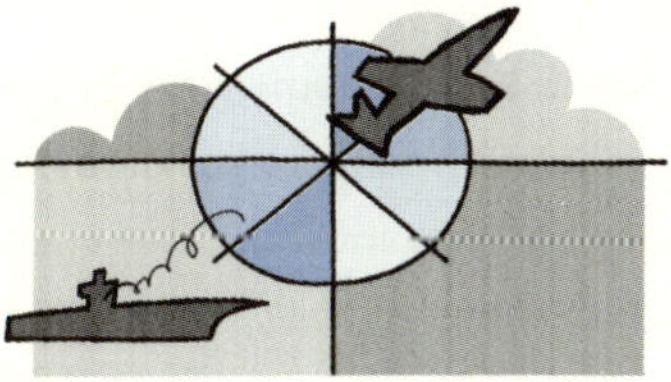

41. Ein besonderes Wort

Welches gewöhnliche deutsche Wort wird von allen deutschsprachigen Physikern der Fachhochschule Aachen falsch ausgesprochen?

42. Dominosteine auf dem Schachbrett

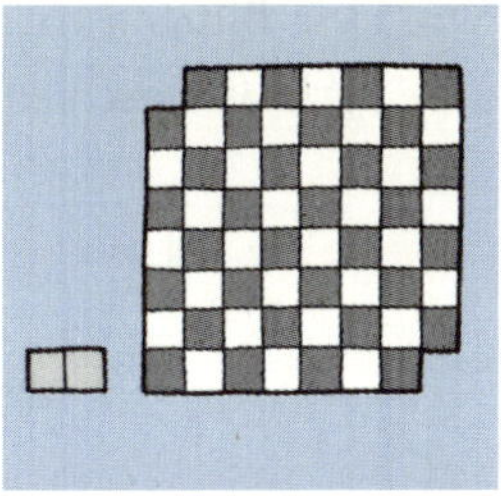

Von den vierundsechzig Feldern eines Schachbretts sind zwei sich diagonal gegenüberliegende Eckfelder herausgesägt worden. Versuchen Sie, mit einunddreißig Dominosteinen, die jeweils die Größe von zwei Schachfeldern haben, das Brett vollständig zu bedecken. Wie viele verschiedene Möglichkeiten gibt es?

43. Der verschwundene Euro

Drei Männer haben in einer Kneipe gezecht und für ihr Bier am Ende des Abends 60 Euro bezahlt. Die Männer haben gerade die Kneipe verlassen, als der Wirt entdeckt, dass er sich verrechnet und die Zeche nur 55 Euro betragen hat. Er schickt den Kellner mit 5 Euro den Gästen nach. Der Kellner gibt jedoch jedem der drei Männer nur 1 Euro zurück und behält 2 Euro für sich. Nun haben die Gäste jeder 19 Euro für ihren Bierkonsum bezahlt, das macht zusammen 57 Euro. Mit den 2 Euro des Kellners ergibt das einen Betrag von 59 Euro. Wo ist der fehlende Euro geblieben?

44. Blumen für Julia

Romeo steht unter Julias Balkon und reicht ihr einen Strauß Blumen hoch. Der Strauß besteht bis auf zwei Blumen aus lauter Rosen. Außerdem sind alle Blumen, bis auf zwei, Tulpen, und alle Blumen, bis auf zwei, sind Nelken.
Wie viele Blumen hat Romeo seiner Julia geschenkt? Die Aufgabe hat zwei verschiedene Lösungen.

45. Anglerlatein

Hinz und Kunz sitzen schweigend am Vechtesee und angeln. Plötzlich sagt Hinz: «Ich habe hier gestern einen 20 kg schweren

Karpfen aus dem Wasser gezogen.» – «Das ist doch nur ein Fischchen», erwidert Kunz. «Vorgestern habe ich hier einen Karpfen gefangen, der wog 20 kg plus die Hälfte seines Gewichts.»
Wie schwer war Kunz' Karpfen?

46. Der verborgene Stern

Eine wertvolle Münze versteckt man am besten in einem Sparschwein, und ein wertvolles Buch sollte man einfach ins Bücherregal stellen. Denn etwas Bestimmtes unter lauter ähnlichen Dingen zu entdecken, ist sehr schwierig.

In dieser Zeichnung aus lauter Drei- und Vierecken ist ein regelmäßiger, fünfzackiger Stern verborgen. Finden Sie ihn!

47. Der längste Monat des Jahres

Welcher ist in Deutschland der längste Monat des Jahres?

48. Die Farbe des Bären

Ein Jäger bricht eines Morgens auf und wandert zehn Kilometer nach Süden. Dann ändert er seine Richtung und geht zehn Kilometer nach Osten. Dort biegt er nochmals ab, läuft nun zehn Kilometer nach Norden und gelangt zu seinem Ausgangspunkt zurück. Hier schießt er einen Bären. Welche Farbe hat der Bär?

49. Seltsame Zahlen

Welche positiven ganzen Zahlen werden größer statt kleiner, wenn man von ihrem linken Ende eine Ziffer wegnimmt?

50. Die Geraden und der Würfel

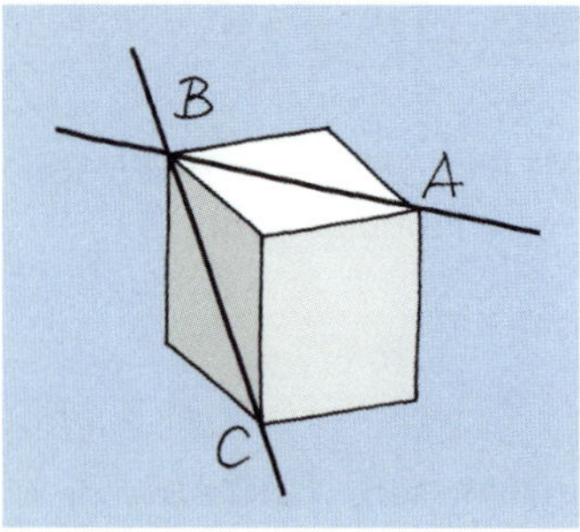

Eine Gerade läuft durch zwei sich gegenüberliegende Ecken *A* und *B* eines Würfels. Eine zweite Gerade schneidet eine benachbarte Seitenfläche in den Punkten *B* und *C*. Welchen Winkel schließen die beiden Geraden an der Ecke *B* ein?

51. Die Namen der Töchter

Ingas Vater hat fünf Töchter. Die Namen der beiden ältesten und der beiden jüngsten sind Lala, Lele, Lolo und Lulu.
Wie heißt die mittlere Tochter?

52. Spinne und Fliege

Eine Spinne hockt auf einer Ecke eines Würfels von zehn Zentimetern Kantenlänge. Auf der diametral gegenüberliegenden Ecke sitzt eine Fliege. Die Spinne will die Fliege fressen und kriecht auf sie zu. Sie darf jeden möglichen Weg benutzen, nur durch das Innere des Würfels kann sie nicht. Welcher ist der kürzestmögliche Weg?

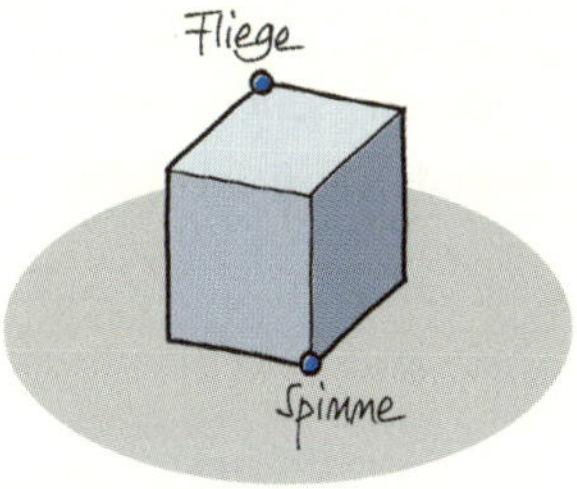

53. Ebbe und Flut

Der Frachter «Springburn» liegt am Petersenkai im Hamburger Hafen. Es ist Ebbe, und die Ladung wird gelöscht. Leichtmatrose Kuddel streicht die Außenwand des Schiffes. Seine Strickleiter hängt über der Bordwand und reicht bis 10 cm über die Wasseroberfläche, und die Sprossen sind 25 cm voneinander entfernt. Kuddel steht auf der untersten Sprosse. Während er noch streicht, setzt die Flut ein, und der Wasserspiegel steigt um 65 cm. Wie viele Sprossen muss er hinaufklettern, um keine nassen Füße zu bekommen?

54. Der Blick auf den Würfel

Wie viele Seiten eines Würfels kann man von einem Punkt aus höchstens sehen, wenn man weder seinen Standort verändert noch den Würfel dreht?

55. Die verschwundenen Karos

Aus kariertem Papier wird ein Dreieck ausgeschnitten und dann in fünf Teile zerlegt, so wie es die linke Zeichnung zeigt. Die fünf

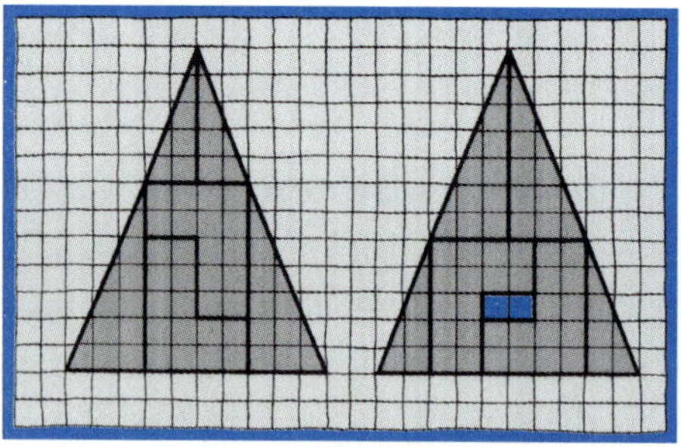

Schnipsel lassen sich anschließend, wie man in der rechten Zeichnung sehen kann, wieder zu einem Dreieck zusammensetzen, das deckungsgleich mit dem ursprünglichen ist. Überraschenderweise bleibt jedoch im Inneren eine Lücke von zwei Karos frei. Wo sind die beiden Karos geblieben?

56. Amerika

Wann begann Amerika mit einem A und endete mit einem e?

57. Fast nur Wasser

Frische Erdbeeren bestehen zu 99 Prozent aus Wasser. Ein Gärtner hat 100 kg Erdbeeren gepflückt und sie den ganzen Tag über in der prallen Sonne liegen lassen. Dadurch ist ein Teil des Wassers verdunstet, sodass die Erdbeeren am Abend nur noch zu 98 Prozent aus Wasser bestehen. Wie viel wiegen sie nun?

58. Die fünf ersten Präsidenten der USA

Frau Böck sagt: «Ich lese hier gerade in der Zeitung, dass von den ersten fünf Präsidenten der USA – Washington, Adams, Jefferson, Madison und Monroe – drei an einem 4. Juli starben.» Dar-

auf meint Herr Böck: «Ich kenne von keinem dieser fünf Präsidenten das Sterbedatum. Wenn ich also einen der drei Präsidenten, die an einem 4. Juli starben, erraten sollte, stünden meine Chancen, richtig zu raten, offensichtlich drei zu fünf. Trotzdem wette ich hundert Euro gegen einen, dass ich auf Anhieb einen der drei errate.»
Wie kann Herr Böck so sicher sein?

59. Das Ziegendilemma

Stellen Sie sich vor, Sie nähmen an einer Spielshow im Fernsehen teil und dürften eine von drei verschlossenen Türen wählen. Hinter einer der Türen wartet als Preis ein Auto, hinter den anderen beiden stehen Ziegen. Sie zeigen auf eine der Türen, die aber vorerst verschlossen bleibt. Der Moderator, der natürlich weiß, hinter welcher Tür sich das Auto befindet, sagt: «Ich zeige Ihnen mal was!», und öffnet eine der beiden Türen, die Sie nicht gewählt haben, von der er aber weiß, dass sich das Auto nicht dahinter befindet. Eine Ziege kommt heraus und schaut meckernd in die Kamera. Der Moderator sagt: «Sie dürfen nun noch einmal wählen. Bleiben Sie bei der von Ihnen gewählten Tür, oder nehmen Sie die andere?»
Wie würden Sie sich entscheiden?

60. Der Weg des Bücherwurms

Ein Denksportler hat sich ein neues zweibändiges Lexikon der Unterhaltungsmathematik gekauft. Er schlägt den Einbanddeckel des ersten Bandes auf, schreibt seinen Namen auf das Vorsatzblatt, schließt das Buch wieder und stellt beide Bände ordnungsgemäß in sein Regal.

Beim Schreiben des Namens ist unbemerkt ein Bücherwurm zwischen den Einbanddeckel und die erste Seite gefallen. Der Wurm beginnt sofort zu nagen. Er braucht zum Durchfressen eines Blattes einen Tag und eines Einbanddeckels drei Tage. Jeder der beiden Bände hat zweihundert Seiten.

Wie lange braucht der Bücherwurm, bis er auf den hinteren Einbanddeckel des zweiten Bandes stößt?

61. Ein rechtwinkliges Zwölfeck

Können bei einem gleichseitigen ebenen Zwölfeck alle benachbarten Seiten rechtwinklig aufeinander stoßen? Wenn nein, warum nicht?

62. Das Münzloch

Eine Ein-Euro-Münze hat einen Durchmesser von 23,25 Millimetern. Wie groß muss ein kreisförmiges Loch in einem Blatt Papier mindestens sein, damit man dieses Geldstück dort hindurchstecken kann?

63. Schneckentempo

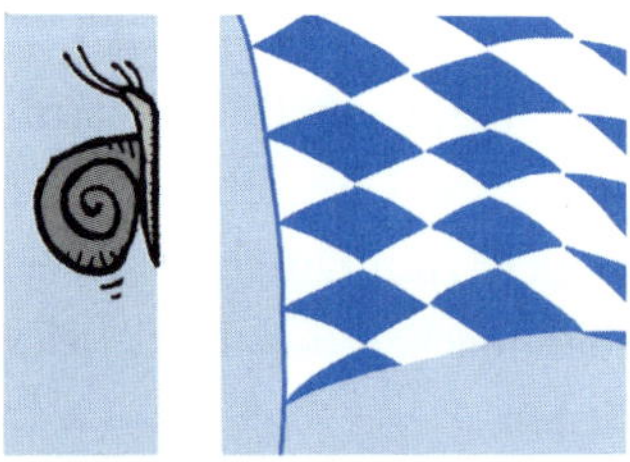

Eine Schnecke beginnt eines Tages im Morgengrauen eine 17,5 Meter hohe Fahnenstange hinaufzukriechen. Sie schafft am Tag 5,25 Meter, rutscht aber in der Nacht, wenn sie schläft, wieder um 3,50 Meter herunter. Wann erreicht die Schnecke die Spitze der Fahnenstange?

64. Sockenprobleme

An einer Wäscheleine auf einem dunklen Dachboden hängen völlig ungeordnet sechzehn weiße und siebzehn schwarze Socken. Man kann zwar die Socken ertasten, aber nicht erkennen, welche Farbe sie haben. Wie viele Socken muss man mindestens von der Leine nehmen, um ganz sicher zu sein, wenigstens ein Paar gleichfarbiger zu haben?

65. Das geheimnisvolle Symbol

Welches mathematische Symbol muss man zwischen die beiden Ziffern

2 3

setzen, damit das Ergebnis größer als 2, aber kleiner als 3 wird? Das Symbol darf keine Buchstaben oder Ziffern enthalten, und es dürfen natürlich keine neuen Symbole erfunden werden.

66. Denksport mit Wein

Viele gute Denksportaufgaben sind in Kneipen entstanden und werden an den Stammtischen zum Besten gegeben. Darum werden sie auch meistens mit den typischen Kneipenutensilien wie Bierdeckel, Münzen, Streichhölzern oder Gläsern gestellt.

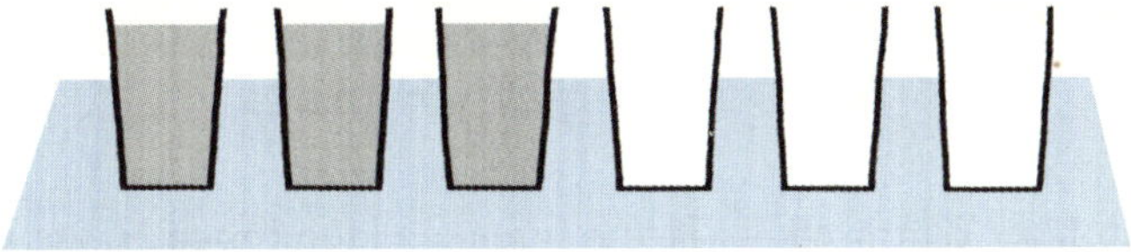

Sechs Gläser stehen in einer Reihe: Die ersten drei Gläser sind mit Wein gefüllt, die drei anderen sind leer.

Versuchen Sie, mit möglichst wenigen Zügen die Gläser so anzuordnen, dass in der Reihe immer abwechselnd ein volles und ein leeres Glas stehen. Dabei ist ein Zug die Bewegung eines einzelnen Glases.

67. Bierdeckelgeometrie

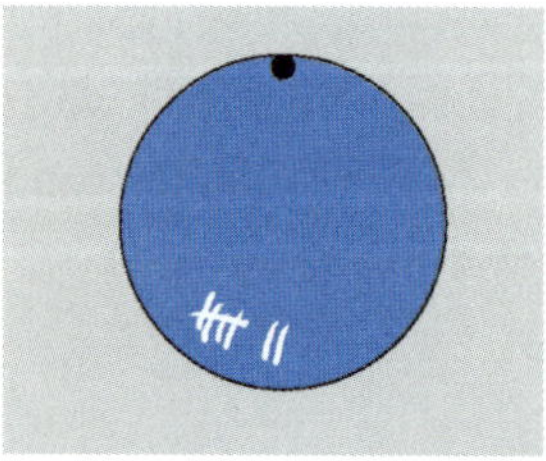

Auf einem kreisförmigen Bierdeckel von 10 cm Durchmesser ist Ketchup getropft und hat direkt am Rand einen runden, roten Fleck von 4 mm Durchmesser hinterlassen. Der Bierdeckel soll nun in möglichst wenige Teile zerschnitten werden, die man anschließend wieder zu einem Kreis zusammenfügen kann, wobei jedoch dann der Ketchupfleck genau in der Mitte des Deckels sitzt. Wie müssen die Schnitte verlaufen?

68. Der Weg des Hundes

Ein Jäger geht nach der Jagd mit seinem Hund nach Hause. Er ist noch zehn Kilometer von seinem Heim entfernt und marschiert mit einer Geschwindigkeit von fünf Kilometern pro Stunde. Sein Hund ist dreimal so schnell wie er und läuft schon zum Haus vor. Dort macht er kehrt und rennt zu seinem Herrn zurück. Wieder beim Jäger angekommen, wiederholt er das Spiel, und das so oft, bis beide, Herr und Hund, zu Hause sind. Wie viele Kilometer ist der Hund gelaufen?

69. Eine seltsame Heirat

Am 5. November 1955 heiratete E. P. Imenides die Schwester seiner Witwe. Kann dies wahr sein?

70. Jagd auf den König

Max und Moritz haben einen König und einen Springer auf zwei einander diagonal gegenüberliegende Eckfelder eines Schachbretts gestellt. Max' Aufgabe ist es, mit dem Springer den König zu schlagen. Moritz muss versuchen, mit dem König dem Springer auszuweichen. Wenn er dies zweiunddreißig Züge lang durchhält, hat er gewonnen; wird der König jedoch vorher geschlagen, so ist Max der Sieger. Hat Max eine Chance, das Spiel zu gewinnen?

71. Schneidekünste

Kann man ein viereckiges Stück Papier mit zwei geraden Scherenschnitten in sechs Stücke zerlegen, ohne nach dem ersten Schnitt die Stücke neu anzuordnen oder gar aufeinander zu legen?

72. Heikle Jahreszählung

Im Jahre 43 v. Chr. starb der römische Staatsmann Marcus Tullius Cicero. Im gleichen Jahr wurde der Dichter Publius Ovidius Naso geboren. Wann war die Zweitausendjahrfeier dieser beiden Ereignisse fällig?

73. Die Parole

Nick Knatterton möchte im Intelligenzlerclub einige Nachforschungen anstellen. Im Club haben nur Mitglieder Zutritt.

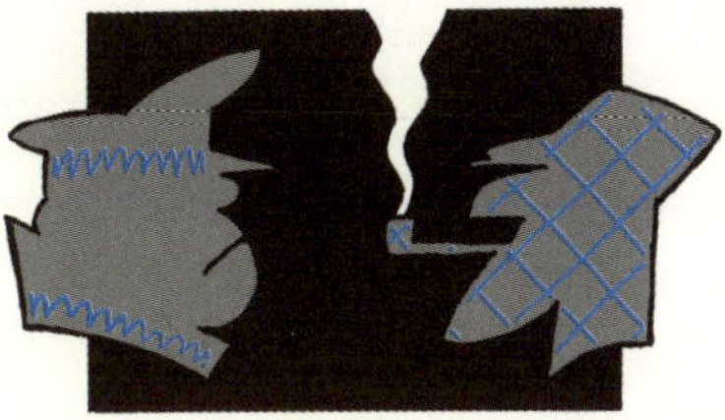

Knatterton versteckt sich hinter einer Litfaßsäule und beobachtet den Eingang. Der Türsteher nennt jedem, der Einlass begehrt, eine Zahl.
Türsteher: «Achtundzwanzig.»
Erster Besucher: «Vierzehn.»
Der Türsteher lässt ihn eintreten.
Türsteher: «Acht.»
Zweiter Besucher: «Vier.»
Der Türsteher lässt ihn eintreten.
Türsteher: «Sechzehn.»
Dritter Besucher: «Acht.»
Der Türsteher lässt ihn eintreten.
Knatterton glaubt, das Frage-und-Antwort-Spiel durchschaut zu haben, und geht zum Türsteher.
Türsteher: «Vierzehn.»
Knatterton: «Sieben.»
Türsteher: «Verschwinden Sie!»
Welche Antwort hätte Nick Knatterton geben müssen, um eingelassen zu werden?

74. Eine Zehnsekundenaufgabe

Lösen Sie diese Aufgabe innerhalb von zehn Sekunden im Kopf! Wie viel ist die Hälfte von zwei Drittel von drei Viertel von vier Fünftel von fünf Sechstel von sechs Siebtel von sieben Achtel von acht Neuntel von neun Zehntel von 100?

75. Die Tücken viereckiger Schachteln

Wie viele Flächen hat eine viereckige Schachtel?

76. Methusalems Alter

Methusalem sagt: «Vorgestern war ich 99 Jahre alt, und im nächsten Jahr werde ich 102 Jahre alt werden.»
Kann Methusalem die Wahrheit gesagt haben?

77. Die wundersame Biervermehrung

Wie kann man aus einem leeren Glas Bier ein volles machen? Mit Mathematik!
Ein halb volles Glas Bier ist bekanntlich das Gleiche wie ein halb leeres Glas Bier. Mathematisch ausgedrückt heißt das:

$$\frac{1}{2} \text{ volles Glas Bier} = \frac{1}{2} \text{ leeres Glas Bier}$$

Wenn man beide Seiten der Gleichung mit 2 multipliziert, so ergibt sich daraus:

$$1 \text{ volles Glas Bier} = 1 \text{ leeres Glas Bier}$$

Was könnte daran falsch sein?

78. Liebe nach Fahrplan

Ein junger Mann aus Aachen hat zwei Freundinnen, eine blonde und eine schwarzhaarige. Er wohnt in der Innenstadt, seine blonde Freundin in dem nördlichen Stadtteil Richterich und seine schwarzhaarige in dem südlichen Stadtteil Brand. Die Wohnung des jungen Mannes liegt in der Nähe des Hauptbahnhofs, von dem aus alle zehn Minuten ein Bus nach Richterich geht, und auch die Busse nach Brand fahren mit jeweils zehn Minuten Abstand.
Jeden Tag besucht der junge Mann eine seiner Freundinnen. Da er beide Mädchen gleich gern mag, überlässt er es dem Zufall, zu welchem er fährt. Er geht einfach irgendwann, ohne auf die Uhr zu schauen, zum Bahnhof und steigt in den Bus, der zuerst ankommt. Fährt dieser nach Richterich, besucht er seine blonde Freundin; fährt er nach Brand, besucht er das schwarzhaarige Mädchen. Trotzdem stellt er nach einigen Monaten fest, dass er neunmal so oft bei der blonden Freundin als bei der schwarzhaarigen war. Woran kann das liegen?

79. Die Überquerung des Atlantiks

Eine Reederei betreibt eine Fährverbindung zwischen Hamburg und New York. Jeden Tag mittags um zwölf Uhr fährt ein Schiff

aus Hamburg in Richtung New York ab. Sieben Tage später, wieder genau um zwölf Uhr mittags, legt die Fähre im New Yorker Hafen an. In umgekehrter Richtung, von New York nach Hamburg, fährt auch jeden Tag um zwölf Uhr mittags ein Schiff nach Hamburg ab. Es braucht für die Ozeanüberquerung ebenfalls exakt sieben Tage und kommt um zwölf Uhr in Hamburg an. Alle Angaben beziehen sich übrigens auf die Hamburger Ortszeit.
Wie viele Fähren dieser Reederei trifft man während einer Überfahrt von Hamburg nach New York?

80. Die fragliche Relation

Aus einem Glas Weißwein wird ein Teelöffel voll Weißwein in ein Glas Rotwein gegeben und gleichmäßig verrührt. Dann wird von dem verdünnten Rotwein ein Teelöffel in den Weißwein zurückgegossen, sodass anschließend wieder beide Gläser so voll sind wie zu Anfang. Ist nun mehr Rotwein im Weißweinglas oder mehr Weißwein im Rotweinglas?

81. Moses auf dem Berg Sinai

Eines Tages begann Moses bei Sonnenaufgang auf den Berg Sinai zu steigen. Er ging unterwegs mal schnell, mal langsam und machte in unregelmäßigen Abständen Pausen. Bei Sonnenuntergang erreichte er den Gipfel. Am nächsten Morgen bei

Sonnenaufgang begann er den Abstieg. Er nahm denselben Weg wie beim Aufstieg, ging wieder völlig unregelmäßig und machte häufig Pausen. Bei Sonnenuntergang erreichte er den Fuß des Berges.
Kann es sein, dass Moses auf dem Rückweg zu einer bestimmten Uhrzeit an einem Ort war, wo er zur gleichen Uhrzeit auch am Vortag war?

Des Rätsels Lösung

1. Das Ei des Kolumbus

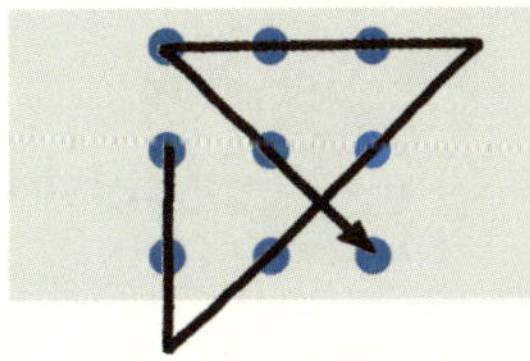

Ähnlich, wie bei Kolumbus' Ei, das auf die Spitze gestellt werden sollte, muss man bei Sam Loyds Problem eine kleine Denkschwelle überwinden: Die meisten Menschen gehen davon aus, dass die drei Knickstellen des Linienzugs auf den Kreisen liegen müssen. Das hat Loyd jedoch mit keiner Silbe gefordert. Der Kolumbus-Trick ist also, die Knickstellen ins Freie zu verlegen. Deshalb hat Loyd sein Problem auch das «Ei des Kolumbus» genannt.[1]

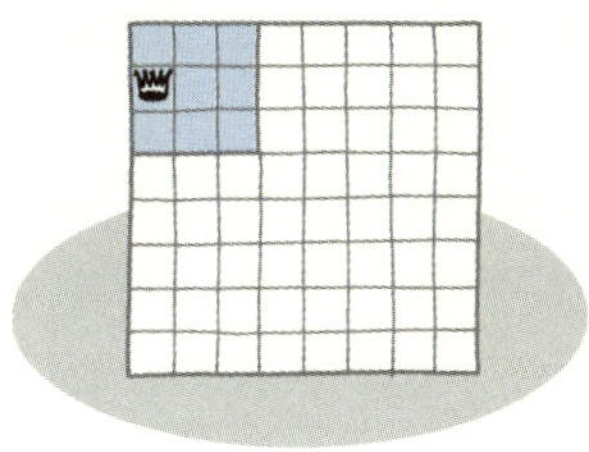

Martin Gardner hat Loyds Problem auf ein Schachbrett verlegt.[2, 3] Eine Dame steht auf einem Nachbarfeld eines Eckfeldes. Sie soll von dort aus starten und mit vier Zügen jedes der farbigen Felder wenigstens einmal durchlaufen. Selbstverständlich sind nur die für Damen üblichen Schachzüge erlaubt. Ist diese Aufgabe lösbar?

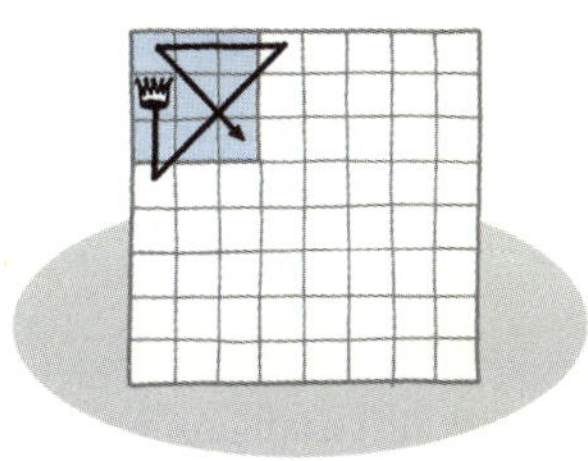

Der Trick ist der gleiche wie bei Loyds Problem: Der Dame stehen natürlich nicht nur die neun farbigen Felder für ihre Züge zur Verfügung, sondern alle Felder des gesamten Schachbretts.

1 Sam Loyd in: G. G. Bain, *Strand Magazine* 34, Nr. 204, Dezember 1907, S. 771–777.

2 Martin Gardner, *Games* 2, Januar-Februar 1978, S. 16 (Aufgabe).

3 Martin Gardner, *Games* 2, März-April 1978, S. 60 (Lösung).

2. Ist Loyd schlagbar?

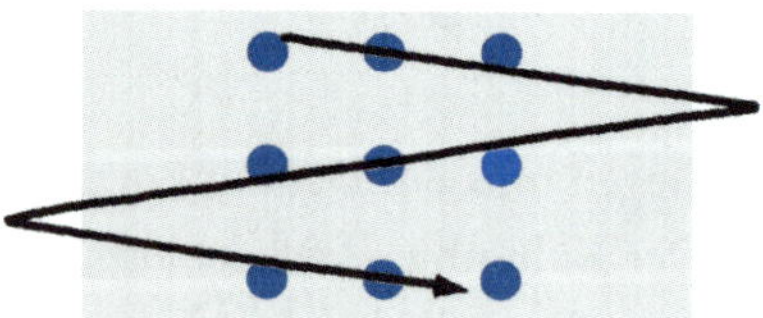

Fast fünfzig Jahre lang fiel es niemandem auf, dass man Loyds Problem auch schon mit drei Zügen lösen kann. Erst 1952 fand James Travers[1] einen genial einfachen Weg, als er bemerkte, dass Loyd nicht verlangt hatte, dass die Linie durch die Mittelpunkte der Kreise laufen müsse.

1 James Travers, *Puzzling Posers*, London 1952, S. 45, 70.

3. Die geheime Botschaft

Die Botschaft lautet HALLO. Die Verschlüsselung besteht nur darin, dass die Buchstaben sehr weit in die Länge gezogen sind und man sie nicht mehr erkennen kann, wenn man von oben senkrecht auf das Quadrat blickt. Schaut man aber unter einem ganz flachen Winkel auf die Zeichnung – am besten bringt man das Buch etwa in Höhe der Nasenspitze und kneift ein Auge zu –, so kann man das Wort klar und deutlich lesen. Die dünnen Querlinien des Quadrats nimmt man aus dieser Perspektive kaum mehr wahr. Sie dienen in der Aufgabe auch nur zur Verwirrung.[1]

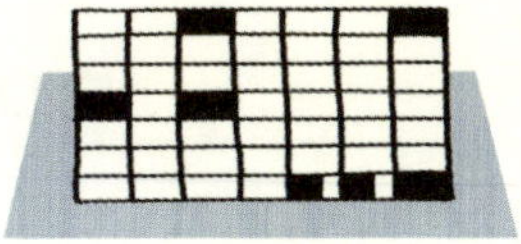

Die Vorgängerin dieser Aufgabe, die man in sehr vielen Denksportaufgabenbüchern finden kann, hat noch nicht die raffinierte Einbettung in ein quadratisches Raster.[2] Der Trick ist jedoch der gleiche.

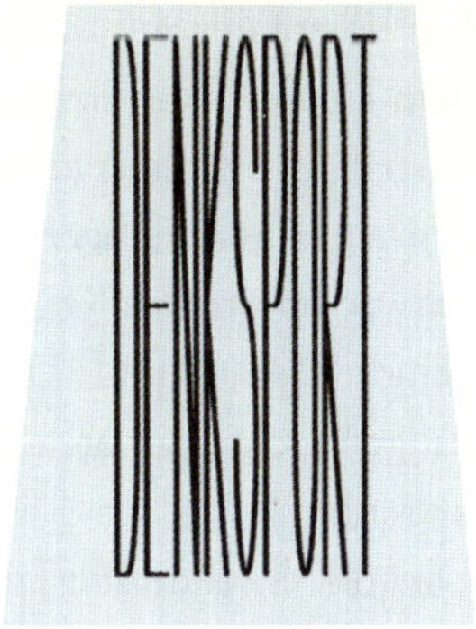

1 Marvin Miller in: Martin Gardner, *Riddles of the Sphinx*, Washington 1987, S. 22, 85.
2 Karl Heinz Paraquin, *Geheimschriften*, Ravensburg 1977, S. 57.

4. Die Geheimnisse der Bruchrechnung

Die Behauptung in der Aufgabe ist falsch und somit ihr Beweis unmöglich. Man vergisst leicht, dass Zähler und Nenner eines Bruchs nicht nur positive, sondern auch negative Zahlen sein können. So sind beispielsweise die beiden Brüche $\frac{1}{-2}$ und $\frac{-1}{2}$ gleich groß, obwohl beim ersten der Zähler größer ist als der Nenner und beim zweiten der Nenner größer als der Zähler.[1]

1 E. I. Ignatjew, *Mathematische Spielereien*, Leipzig 1982, S. 9, 116 (russische Originalausgabe: Moskau 1979).

5. Die Klatschbase

Dieses Problem hat einen Vorgänger, den man in vielen Rätselbüchern finden kann.[1]
Ein Vater fährt mit hoher Geschwindigkeit über die Landstraße. Sein kleiner Sohn sitzt unangeschnallt auf dem Beifahrersitz. In einer Kurve verliert er die Kontrolle über das Auto und rast gegen einen Baum. Der Vater ist sofort tot, und der Junge wird schwer verletzt ins Krankenhaus eingeliefert. Die Operation soll gerade beginnen, als Dr. Meier plötzlich ruft: «Ich kann diesen Jungen nicht operieren. Er ist mein Sohn!» Wie lässt sich dies erklären?
Obwohl es schon seit Jahrzehnten nicht mehr der Fall ist, steckt unbewusst in unseren Köpfen immer noch das Vorurteil, dass die Ärzteschaft aus Männern besteht. Das Problem wird zur Trivialität, wenn man dieses Vorurteil überwindet und annimmt, dass Dr. Meier kein Mann, sondern eine Frau und die Mutter des Jungen ist. Bei dieser einfachen Form des Problems gelingt es den meisten Menschen auch recht schnell, die Lösung zu finden.
In einer anderen Variante lautet die Aufgabe[2]: Dr. Kruse aus Aachen hat einen Bruder in Osnabrück, der Professor ist. Doch dieser Professor Kruse aus Osnabrück hat keinen Bruder in Aachen, der Arzt ist. Wie ist das möglich? Natürlich ist auch hier die Lösung, dass Dr. Kruse eine Frau und darum die Schwester von Professor Kruse ist.
Das eigentliche Problem ist viel raffinierter gestellt. Es stammt von Carl Ginnow und wurde erstmals im Jahre 2000 im Internet veröffentlicht.[3]
Bezeichnet man mit *m* das Alter des Mannes, mit *k* den Preis des

Kaffees und mit t den des Tees, so kann man den letzten Satz des Mannes als Gleichung schreiben.

$$m + k - 20 = t$$

Daraus ergibt sich für das Alter des Mannes

$$m = 20 + t - k.$$

Angenommen, Dr. Altmann wäre ein Mann. Da die Klatschbase Kaffee- und Teepreis vertauschte und trotzdem Dr. Altmanns Alter aus dem Gespräch richtig ermitteln konnte, müssen Kaffee- und Teepreis gleich sein. Daraus folgt für Dr. Altmann ein Alter von zwanzig Jahren. Das ist aber unmöglich, da beide mindestens neununddreißig Jahre alt sind. Folglich ist Dr. Altmann nicht der Mann, sondern die Frau und somit – wie sie selbst sagt – neununddreißig Jahre alt.

1 Martin Gardner, *aha! Insight*, New York 1978, S. 109, 178.
2 Jonathan Always, *Puzzles to Puzzle You*, London 1965, S. 12, 73.
3 Carl Ginnow, Internet, Newsgroup «rec.puzzles», 2. August 2000.

6. Das Flaschenpfand

Diese Aufgabe gehört zu den verblüffend einfachen Problemen, bei denen sich viele Menschen trotzdem schwer tun, die richtige Lösung zu finden. Viele meinen, der Sprudel sei einen Euro und die Flasche 20 Cent wert. Aber dann würde der Unterschied zwischen dem Preis des Sprudels und dem Flaschenpfand nur 80 Cent und nicht einen Euro betragen.

Tatsächlich kostet der Sprudel 1,10 Euro und die Flasche

10 Cent. Nur so beträgt der Preisunterschied zwischen Sprudel und Flasche einen Euro.[1]

1 Theodor Wolff, *Der Wettlauf mit der Schildkröte*, Berlin 1929, S. 161, 171 f.

7. Die Linie im Dreieck

Die Zeichnung aus der Aufgabe ist nicht nur ungenau, sondern auch unfair, weil nämlich das Dreieck ganz anders aussieht. Es ist zu einer Strecke entartet, denn die beiden kurzen Seiten sind zusammen genauso lang wie die lange Seite: $4 + 4 = 3 + 5 = 8$. Deshalb kann man ohne große Rechnung sehen, dass x eine Länge von 1 hat.[1]

Die Vorgängerin dieser Aufgabe ist nicht ganz so raffiniert.[2] Ein dreieckiges Grundstück hat folgende Abmessungen:

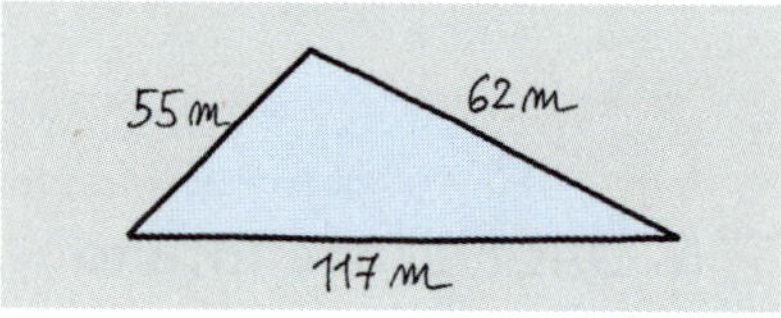

Ein Quadratmeter kostet 100 Euro. Wie teuer ist das Grundstück?

1 Martin Gardner, *Science Fiction Puzzle Tales*, New York 1981, S. 18, 75.

2 Henry Ernest Dudeney, *Puzzles and Curious Problems*, London 1932, S. 112, 181 f.

8. Auf den Hund gekommen

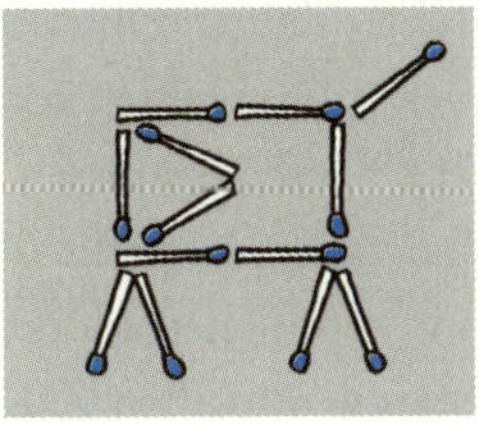

In der Aufgabe wurde nicht verlangt, dass der Hund nach rechts laufen, sondern nur, dass er nach rechts schauen soll. Und das kann er auch, indem er sich einfach umblickt.[1]

Das Problem des Streichholzhundes hat im Lauf seiner Geschichte eine interessante Wandlung durchgemacht. Ende des 19. Jahrhunderts war der Hund noch ein Schwein und aus 15½ Streichhölzern zusammengesetzt. Die Aufgabe war, aus dem schwermütigen Schwein durch Umlegen von 6½ Hölzern ein neugieriges Schwein zu machen.[2]

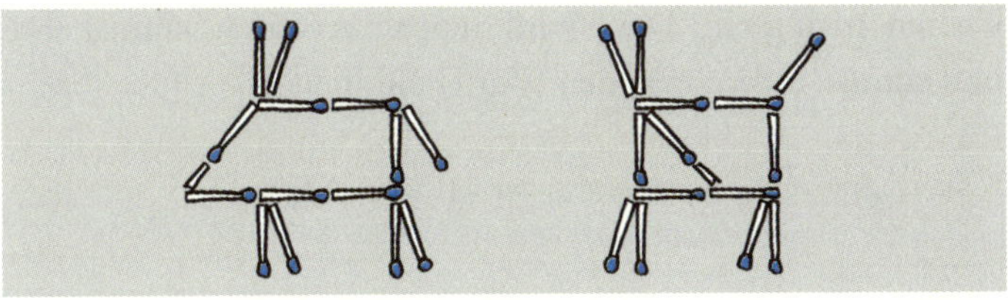

Um 1920 bemerkte ein japanischer Rätselfreund, welches Potenzial in dieser etwas langweiligen Schweineaufgabe steckt, und formulierte sie zu der originellen Hundeaufgabe um.

1 Kobon Fujimura, *The Tokyo Puzzles*, New York 1978, S. 10, 120 (japanische Originalausgabe: Tokio 1969).

2 Sophus Tromholt, *Streichholzspiele*, 2. Aufl. Leipzig 1889, S. 68, 115.

9. Der Würfelkalender

In der Zahlenreihe von 01 bis 31, die man mit den beiden Kalenderwürfeln bilden können muss, tauchen auch die 11 und die 22 auf. Deshalb müssen die 1 und die 2 auf beiden Würfeln vorkommen. Auch die 0 muss es auf beiden Würfeln geben, da sie mit sämtlichen anderen neun Ziffern, die sich über beide Würfel verteilen, zu den Zahlen 01 bis 09 und 10, 20 und 30 kombiniert wird. Von den zwölf Flächen der beiden Würfel sind somit schon sechs vergeben. Auf den restlichen sechs Flächen müssen noch die übrigen sieben Ziffern von 3 bis 9 untergebracht werden. Das Problem lässt sich nur dann lösen, wenn man zu einem kleinen Trick greift: Die 6 wird doppelt verwandt, einmal als 6 und einmal, indem man den Würfel umdreht, als 9.[1]

1 John S. Singleton, Britisches Patent Nr. 831572, 1957/58.

10. Die Mathematik der Wäscheleine

Das Problem mit der Kettenliniengleichung lösen zu wollen, hieße, mit Kanonen auf Spatzen zu schießen. Die Wäscheleine ist zehn Meter lang und soll fünf Meter durchhängen, das heißt, die Durchhängetiefe ist gerade die halbe Seillänge. Die Leine ist also einfach doppelt gelegt und hängt senkrecht von den Hauswänden herunter, wobei der Abstand der Häuser null ist.[1]

1 Murray S. Klamkin, *Mathematics Magazine* 28, Januar/Februar 1955, S. 172.

11. Das Streichholzquadrat

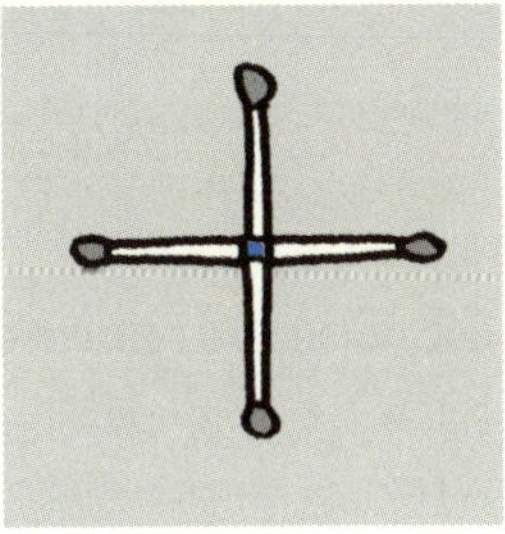

Streichhölzer haben nicht nur lange Kanten, sondern auch kurze, und es wurde nicht verlangt, dass das Quadrat von den langen Seiten der Hölzer begrenzt werden soll. Man braucht also nur das rechte Streichholz um wenige Millimeter zur Seite zu schieben und erhält sofort ein winziges Quadrat.[1]

Die ursprüngliche Form dieser Aufgabe stammt von dem englischen Rätselerfinder Henry Ernest Dudeney.[2]

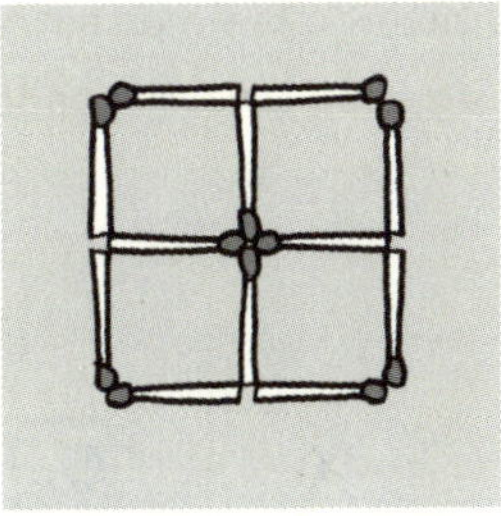

Legen Sie die zwölf Streichhölzer so um, dass sie fünf Quadrate bilden. Jedes Holz muss flach auf dem Tisch liegen, und alle fünf Quadrate müssen leer sein, das heißt, es dürfen sich keine Streichhölzer oder Streichholzteile im Inneren der Quadrate befinden.

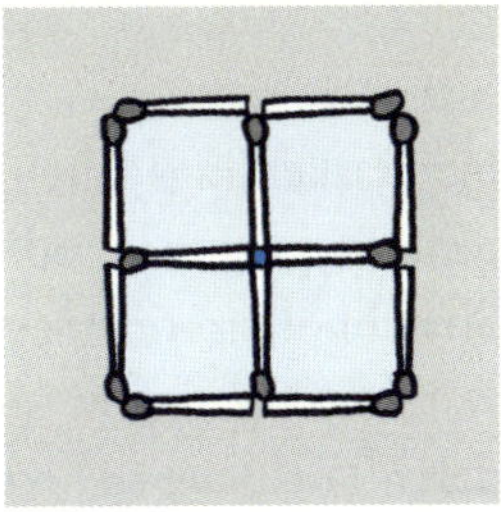

Um das Problem zu lösen, braucht man nur die vier inneren Streichhölzer jeweils um 180 Grad zu drehen, dann bilden die acht Hölzer vier große Quadrate und ein winzig kleines Quadrat in der Mitte.

1 Martin Gardner, *More Perplexing Puzzles and Tantalizing Teasers,* New York 1977, S. 24, 92.

2 Henry Ernest Dudeney, *The Strand Magazine* 58, 1919, S. 500, 595.

12. Die Berechnungen von Professor Moriarty

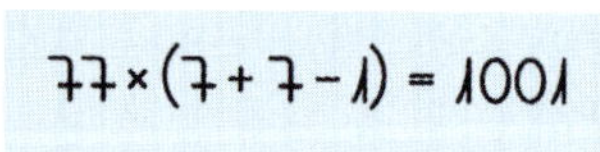

Professor Moriartys Rechnung war gar nicht verschlüsselt. Der Meisterdetektiv hatte den Zettel nur verkehrt herum gehalten.[1]

Es gibt ein hübsches Streichholzproblem, das mit dem gleichen Trick gelöst werden kann.[2]

Sherlock Holmes hat vor Dr. Watson auf dem Tisch aus zehn Streichhölzern folgende Gleichung ausgelegt:

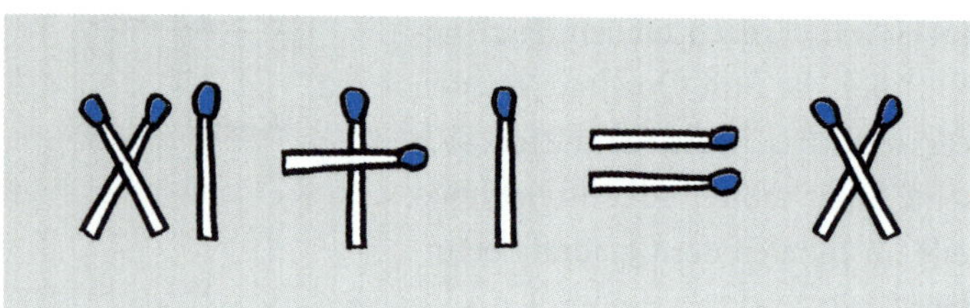

Sie ist allerdings falsch. Wie kann Dr. Watson sie durch Umlegen, Wegnehmen oder Hinzufügen von möglichst wenigen Streichhölzern richtig stellen?

Er muss sie gar nicht ändern, sondern braucht sie nur von der anderen Tischseite zu betrachten, dann ist sie korrekt.

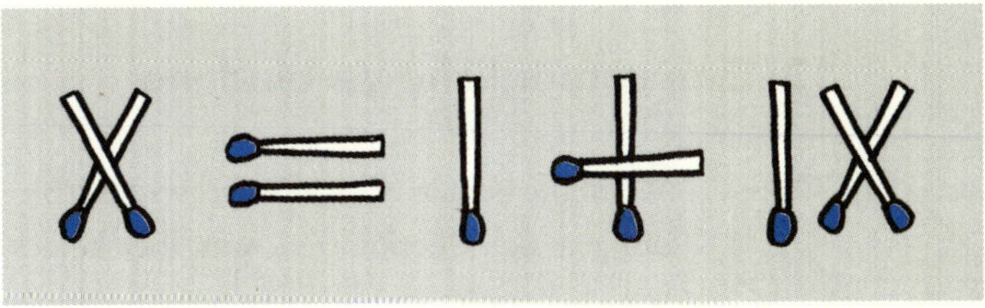

Auch bei dem folgenden, hier erstmals veröffentlichten Problem von Franz-Josef Schulte sollen möglichst wenige Streichhölzer umgelegt werden, um eine fehlerfreie Gleichung entstehen zu lassen.[3] Der Trick ist wieder der gleiche: Es braucht kein Holz bewegt zu werden, und man muss die Gleichung nur von der anderen Tischseite betrachten.

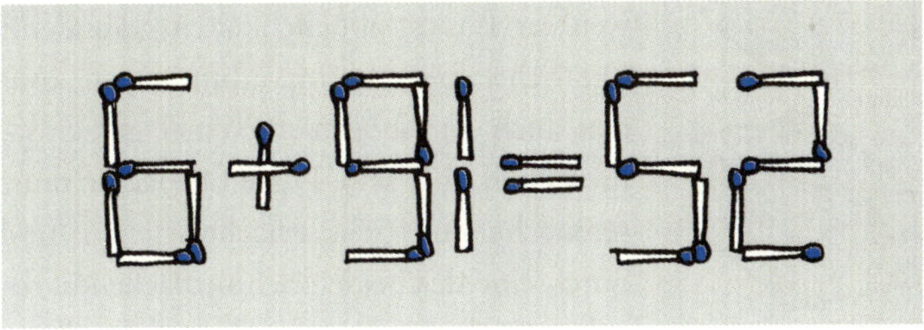

1 Richard Zehl, *Denken mit Spaß 2*, Wien 1984, S. 84.

2 Maxey Brooke, *Tricks, Games and Puzzles with Matches*, New York 1973, S. 12, 46.

3 Franz-Josef Schulte, im vorliegenden Buch.

13. Eine unmögliche Verbindung

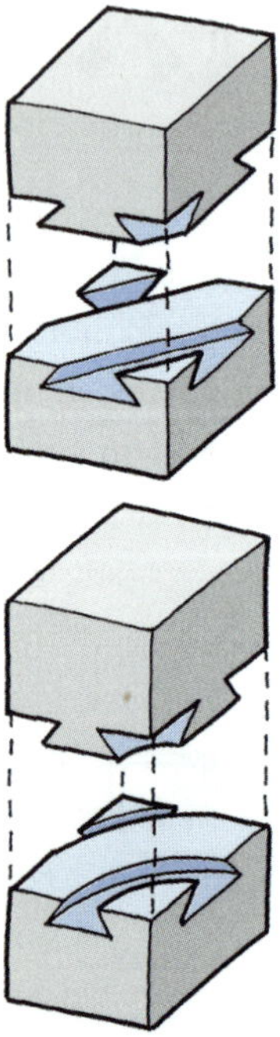

Wenn die beiden Schwalbenschwanzverbindungen sich überkreuzen, was aber keineswegs behauptet wurde, kann man die beiden Würfelhälften natürlich nicht trennen. Verbinden sie jedoch jeweils zwei benachbarte Seiten, laufen sie also parallel, so lässt sich der Würfel einfach diagonal auseinander schieben.[1]

Dies ist aber nicht die einzig mögliche Lösung. Moshé Zwarts von der Technischen Universität Delft hat noch eine ganze Reihe weiterer Lösungsmöglichkeiten gefunden.[2] Die Schwalbenschwanzverbindungen können auch Kreisbögen mit einer gemeinsamen Drehachse sein. Diese Drehachse muss senkrecht zur Schnittfläche stehen und durch eine der beiden Schnittflächendiagonalen laufen. Die geraden Schwalbenschwanzverbindungen sind ein Spezialfall der Kreisbögen: Die gemeinsame Drehachse liegt im Unendlichen. Bei einem anderen Spezialfall läuft sie durch den Mittelpunkt der Schnittfläche. Es gibt noch einige weitere Möglichkeiten, die auf komplizierten Kombinationen von Drehungen und Verschiebungen beruhen.

1 Johannes Cornelius Wilhelmus Pauwels, United Kingdom Patent 15307, eingereicht am 9. November 1887, vollständig spezifiziert am 9. August 1888, erteilt am 26. Oktober 1888.

2 Moshé Zwarts, *Oratie in Beeld*, Technische Universität Delft, Delft 1983, S. X–XII, 40–43.

14. Das Gewicht des Taxifahrers

Wenn Sie meinen, die Aufgabe wäre ein System von vier Gleichungen mit fünf Unbekannten und könnte deshalb nicht gelöst werden, dann haben Sie den ersten Satz nicht aufmerksam genug gelesen. Er beginnt: Stellen Sie sich vor, «Sie» wären Taxifahrer ... Dies ist die fünfte Bestimmungsgleichung. In der Aufgabe wird also nach Ihrem eigenen Gewicht gefragt.

Die Aufgabe hat sich erst in mehreren Schritten zu diesem hinterhältigen Problem entwickelt.

Die ursprüngliche Form stammt vom französischen Dichter Gustave Flaubert (1821–1880), der als Einundzwanzigjähriger seine Schwester Caroline am 15. März 1843 in einem Brief mit folgendem Problem[1] konfrontierte: Auf dem Meer ist ein Schiff, es kommt von Boston, ist mit Indigo beladen, es hat zweihundert Registertonnen und segelt nach Le Havre. Der Großmast ist zerbrochen, auf der Back befindet sich ein Schiffsjunge, insgesamt gibt es zwölf Passagiere, der Wind steht Ostnordost, die Schiffsuhr zeigt nachmittags Viertel nach drei, und es ist Mai ... Wie alt ist der Kapitän?

Diese Aufgabe ist ein Scherz. Sie ist mit den Angaben über das Schiff, den Wind, die Zeit und die Besatzung, die nichts mit dem Alter des Kapitäns zu tun haben, unlösbar.

Schon deutlich raffinierter und auch lösbar ist folgende Variante[2]: Angenommen, Sie sind Taxichauffeur und fahren eine schöne Frau zum Flughafen. Die Dame hat vier Gepäckstücke dabei. Das eine wiegt 17 kg, das andere 25 kg, das dritte 29 kg und das letzte 53 kg. Wie schwer ist der Taxifahrer?

Die in der Aufgabe vorgestellte Form des Problems, bei der

durch einige mathematische Zusammenhänge zwischen den Gewichten der Fahrgäste und des Taxifahrers vom entscheidenden Hinweis, dass Sie selbst der Taxifahrer sein sollen, abgelenkt wird, wurde erstmals 1988 veröffentlicht.[3]

1 Gustave Flaubert, *Correspondance*, Paris 1973.
2 Clay Perry, *Mathematics Magazine* 26, Januar/Februar 1953, S. 167 f.
3 Heinrich Hemme, *Heureka!*, Göttingen 1988, S. 14, 52.

15. Streichholzdreiecke

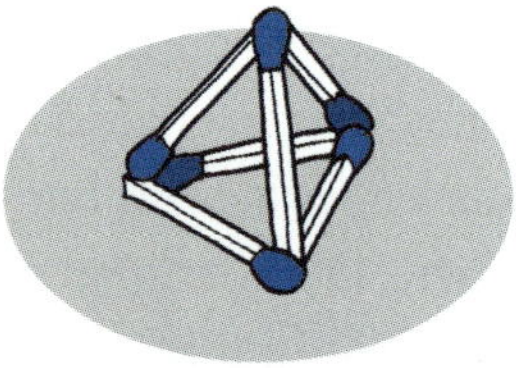

In der Ebene gibt es keine Möglichkeit, aus sechs Streichhölzern vier gleichseitige Dreiecke von einem Holz Seitenlänge zu legen. Aber es ist in der Aufgabe auch nicht verlangt worden, dass die vier Dreiecke in einer Ebene liegen müssen. Weicht man in die dritte Dimension aus, ist die Lösung leicht zu finden. Die sechs Streichhölzer werden zu einem regelmäßigen Tetraeder zusammengestellt.[1]
Eine Variante dieses Problems ist die Aufgabe, mit zwölf Streichhölzern sechs Quadrate zu bilden, die alle eine Seitenlänge von einem Holz haben.[2] Auch hier ist die Lösung dreidimensional: Die zwölf Streichhölzer bilden die Kanten eines Würfels.
Bei einer anderen Variante sollen sechs Streichhölzer so zusammengefügt werden, dass jedes einzelne mit jedem seiner beiden Enden die Enden von zwei anderen Hölzern berührt. Die Lösung ist wiederum das regelmäßige Tetraeder.[3]

1 Louis Mittenzwey, *Mathematische Kurzweil*, Leipzig 1880, S. 32, 84.
2 Martin Gardner, *aha! Insight*, New York 1978, S. 45 f.
3 Sebastian Leitner, *So lernt man lernen*, Freiburg 1972, S. 250, 255.

16. Die Geometrie des Viertelkreises

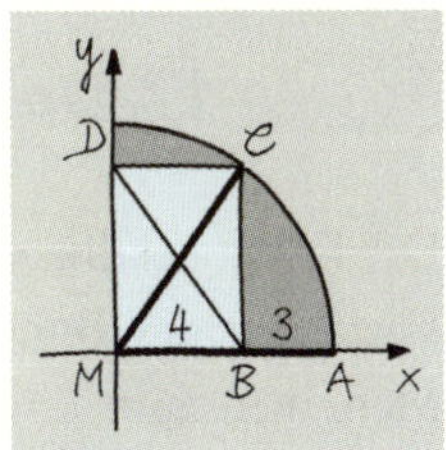

Die umständliche Beschreibung in der Aufgabe dient nur zur Verwirrung. Das Viereck *MBCD* ist ein Rechteck und die Strecke *BD* eine seiner Diagonalen. Die andere Diagonale *MC* ist natürlich genauso lang. Nun ist aber *MC* auch gleichzeitig ein Radius des Viertelkreises und deshalb genau wie der Radius *MA* gerade 7 Zentimeter lang.[1]

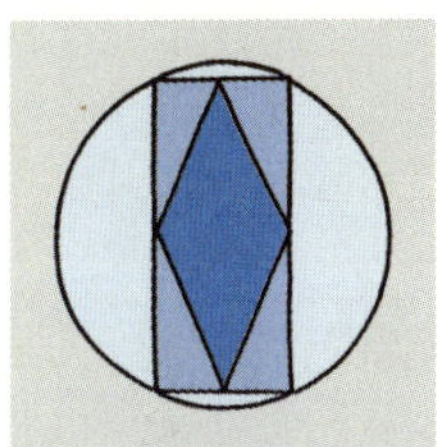

Bei einer Variante dieser Aufgabe ist in einem Kreis mit einem Radius von sechs Zentimetern ein Rechteck gezeichnet, dessen Seiten im Verhältnis $1:\sqrt{5}$ stehen. Auf den Mitten der Rechteckseiten liegen die vier Eckpunkte einer Raute. Wie lang sind die Seiten der Raute?

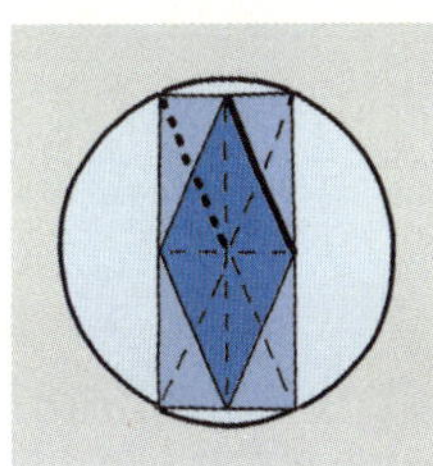

Die Information über das Verhältnis der Rechteckseiten ist völlig überflüssig. Die Aufgabe wird ganz einfach, wenn man das große Rechteck in vier kleinere unterteilt. Die Rautenseiten bilden dann die einen Diagonalen dieser kleinen

Rechtecke, die anderen sind Radien des Kreises. Da die beiden Diagonalen eines Rechtecks natürlich immer gleich sind, hat die Raute eine Seitenlänge von sechs Zentimetern.[2]

1 Clark Kinnaird, *Encyclopedia of Puzzles and Pastimes*, New York 1946, S. 191.
2 Martin Gardner, *aha! Insight*, New York 1978, S. 34.

17. Des Bundeskanzlers Ahnen

Der Fehler bei dieser Überlegung liegt in der Annahme, dass alle Vorfahren des Bundeskanzlers einer Generation verschiedene Menschen sind. Tatsächlich ist er mit den meisten seiner Ahnen über viele Wege verwandt, und deshalb sind es sehr viel weniger Menschen, als die Berechnung ergibt.

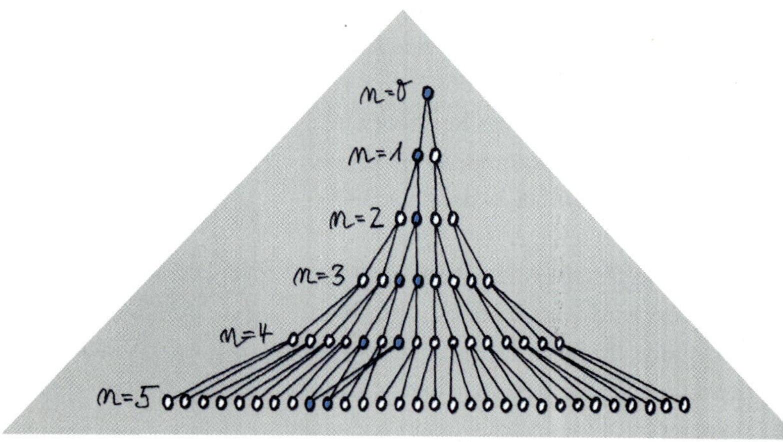

In der Skizze sieht man, dass zwei seiner Ururgroßväter dieselben Eltern hatten. Dadurch beträgt die Anzahl seiner Ahnen in der fünften Generation vor seiner nicht $2^5=32$, sondern nur 30. Dies wirkt sich auch auf alle weiteren Generationen davor aus. Es gab im Verlauf der 62 Generationen eine Unmenge solcher Verbindungen, die die Zahl seiner Vorfahren enorm reduziert. In Wirklichkeit lebten im Jahre 450 sogar erheblich weniger Menschen auf der Welt als heute.[1, 2]

1 Oscar Xaver Schlömilch, *Zeitschrift für den mathematischen und naturwissenschaftlichen Unterricht* 20, 1889, S. 275 (Aufgabe).
2 Oscar Xaver Schlömilch, *Zeitschrift für den mathematischen und naturwissenschaftlichen Unterricht* 21, 1890, S. 30 (Lösung).

18. Die Kunst des Teilens

Es gibt wirklich eine Lösung und zwar eine verblüffend einfache. Die komplizierten Zerlegungen des Quadrats und des Dreiecks

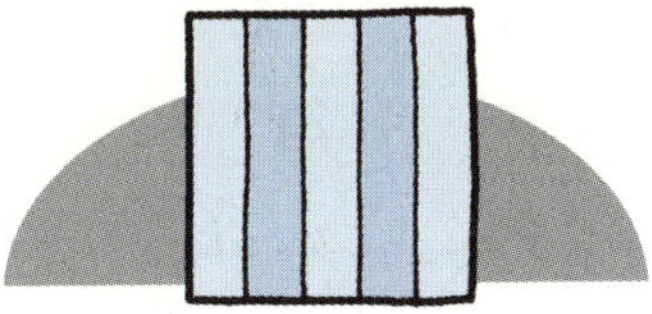

mit den fehlenden Ecken dienten nur zur Ablenkung. Die meisten Menschen suchen dadurch auch tatsächlich nur nach komplizierten Mustern.[1, 2]
Von diesem Problem gibt es zahlreiche Varianten.

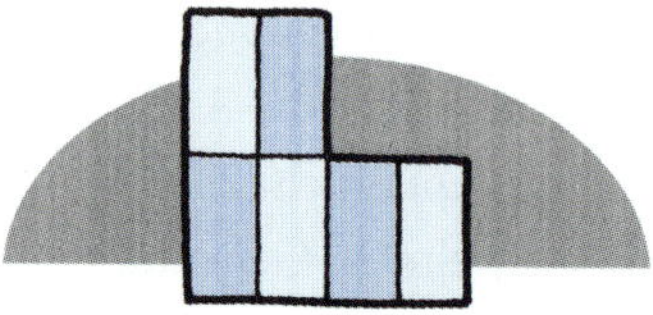

Das Quadrat mit der fehlenden Ecke kann, wie in der Aufgabe gezeigt, in vier deckungsgleiche Teile zerschnitten werden. Lässt es sich auch in sechs deckungsgleiche Teile zerlegen?[3] Es gibt eine ganze Reihe von Lösungen, die alle auf das gleiche Grundmuster zurückgehen.

Dieses unregelmäßige Achteck lässt sich in vier deckungsgleiche

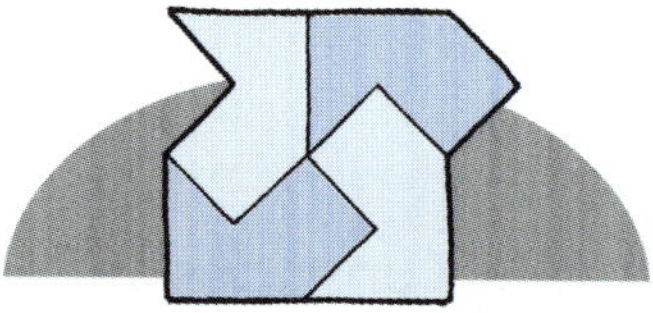

Teile zerlegen. Zwei Teile müssen dabei jedoch umgeklappt werden.

Kann man die Figur auch in fünf deckungsgleiche Teile zerschneiden?[4]

Die Lösung ist wieder sehr einfach.

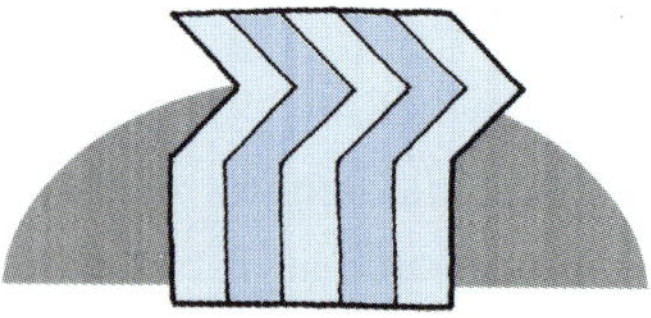

Die zwanzigeckige Figur aus der Skizze besteht aus vierundzwan-

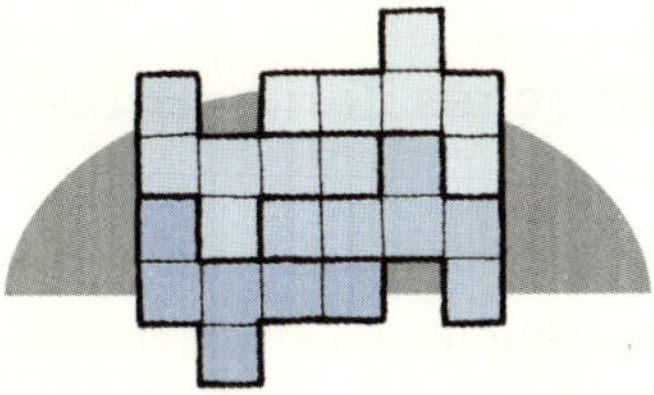

zig kleinen Quadraten. Sie ist in vier deckungsgleiche Flächen unterteilt. Kann man die Figur auch in drei deckungsgleiche Stücke zerlegen?[5]

Bei dieser Aufgabe kommt noch eine weitere Denkschwelle hinzu: Man nimmt unwillkürlich an, dass die Schnitte nur entlang der Quadratgrenzen erfolgen dürfen, obwohl das nicht verlangt wird.

1 Martin Gardner, *Scientific American* 207, Oktober 1962, S. 132 (Aufgabe).

2 Martin Gardner, *Scientific American* 207, November 1962, S. 163 f. (Lösung).

3 Norbert Treitz, Internet, http://eddy.uni-duisburg.de/treitz/denkmnu/fragen/f161-180.htm, 2001.

4 L. Vosburgh Lyons, *The Pallbearers Review*, Juli 1969, S. 268.

5 Nob Yoshigahara, in: Elwyn Berlekamp und Tom Rodgers (Hg.), *The Mathemagician and Pied Puzzler*, Natick 1999, S. 38, 55, 66.

19. Römisches Zahlenkauderwelsch

In der ursprünglichen Form der Aufgabe, die aus der Mitte des 19. Jahrhunderts stammt, soll elftausendelfhundertundelf mit arabischen Ziffern geschrieben werden.[1] Die meisten Menschen übersetzen dieses Zahlwort mit 11111. Gemeint ist aber ganz eine andere Zahl:

elftausend:	11000
elfhundert:	1100
elf:	11
	12111

Knapp anderthalb Jahrhunderte später wurde die Aufgabe etwas hinterhältiger gestaltet, indem die Aufmerksamkeit vom eigentlichen Problem auf die Schreibweise der römischen Zahlen gelenkt wurde.[2]

Mit römischen Ziffern, wie man sie heute kennt und benutzt, stellt man 12111 als MMMMMMMMMMMMCXI. Die Zahl beginnt also mit zwölf «M» und nicht mit elf.

1 Ignatz Bernhard Montag, *Die Wunder der Arithmetik*, Leipzig 1851, S. 1.
2 Heinrich Hemme, *Heureka!*, Göttingen 1988, S, 41, 90.

20. Das Sternpuzzle

Einen regelmäßigen fünfzackigen schwarzen Stern aus den Kartonstücken zu legen, ist unmöglich. Der Trick bei der Aufgabe

ist, dass der Stern ein Loch in einem regelmäßigen schwarzen Fünfeck ist.[1,2] Die Idee, die Puzzleteile als Umrandung der zu bildenden Figur zu nehmen, ist schon recht alt. Der amerikanische Rätselerfinder Sam Loyd stellte seinen Lesern um das Jahr 1900 die Aufgabe, die sechs Teile eines ziemlich missglückt dargestellten Pferdes auszuschneiden und dann neu zu arrangieren, sodass ein möglichst gutes Bild eines Rassepferdes entsteht.[3]

Den Kunstgriff, daraus ein weißes Pferd vor schwarzem Hintergrund zu bilden, hat damals kaum jemand gefunden.

Eine andere hübsche Variante dieses Problems stammt von Torsten Sillke. Die acht rechteckigen Papierstreifen müssen so aneinander gelegt werden, dass das T-förmige Muster entsteht, das die zweite Skizze zeigt. Es müssen dazu alle acht Streifen verwendet werden, und sie dürfen sich nicht überlappen.[4]

Das T-Muster kann eine beliebige Größe haben, nur dürfen die

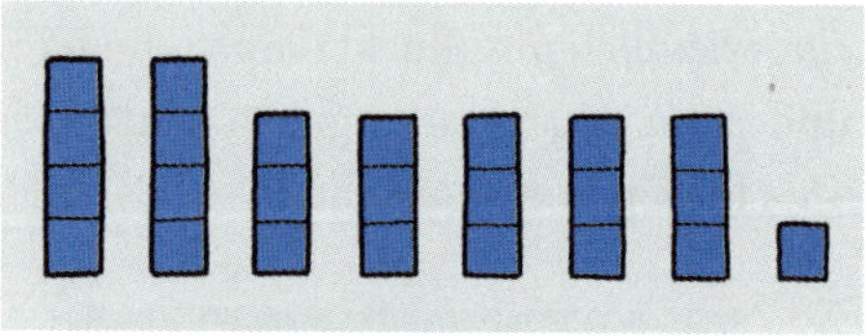

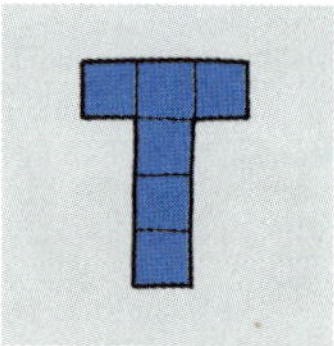

Proportionen nicht verändert werden.

Auch dieses Problem lässt sich nur lösen, wenn man die Rechtecke zum Umranden des T nimmt.

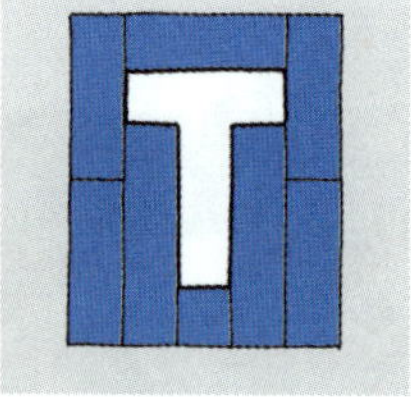

1 Nob Yoshigahara, in: Elwyn Berlekamp und Tom Rodgers (Hg.), *The Mathemagician and Pied Puzzler,* Natick 1999, S. 38 (Aufgabe).

2 Nob Yoshigahara, Internet, ux01.so-net.ne.jp/~nobnet/CPT/, 2002 (Lösung).

3 Sam Loyd (Hg.), *Sam Loyd's Cyclopedia of 5000 Puzzles, Tricks and Conundrums with Answers,* New York 1914, S. 17, 341.

4 Torsten Sillke, in: Heinrich Hemme, *Der Wettlauf mit der Schildkröte,* Göttingen 2002, S. 35–36, 99.

21. Das Einmaleins des Alphabets

Der drittletzte der sechsundzwanzig Faktoren hat die Form $(x-x)^c$ und damit den Wert 0. Folglich ist das ganze Produkt 0.[1]

$(a-x)^z \times (b-x)^y \times (c-x)^x \times \ldots \times (x-x)^c \times (y-x)^b \times (z-x)^a$

Bei einem Vorläufer dieses Problems ist die Multiplikation mit 0 etwas weniger geschickt versteckt.[2] Berechnen Sie innerhalb von zehn Sekunden im Kopf

$1 \times 2 \times 3 \times 4 \times 5 \times 6 \times 7 \times 8 \times 9 \times 0.$

Die meisten Menschen beginnen sofort, die Zahlen von links nach rechts miteinander malzunehmen, ohne sich die Aufgabe vorher genau anzusehen und die Multiplikation mit 0 am Ende der Rechnung zu entdecken.

1 Tom Werneck, *Denk-Spielereien,* München 1979, S. 72, 155

2 Henry Ernest Dudeney, *Puzzles and Curious Problems,* London 1932, S. 44, 145.

22. Die verschwundenen Dreiecke

Der Trick bei dieser Aufgabe ist etwas unfair.

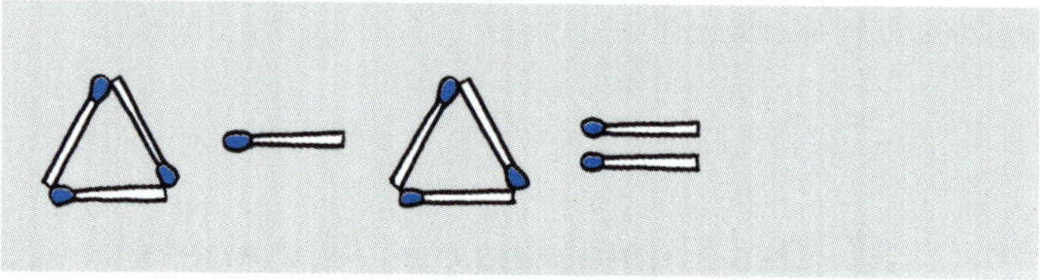

Man kann diese Streichholzgleichung als «ein Dreieck – ein Dreieck = kein Dreieck» lesen. [1,2]

1 Nob Yoshigahara, in: Elwyn Berlekamp und Tom Rogers (Hg.), *The Mathemagician and Pied Puzzler*, Natick 1999, S. 37 (Aufgabe).
2 Nob Yoshigahara, Internet, ux01.so-net.ne.jp/~nobnet/CPT/, 2002 (Lösung).

23. Der Sprung der Springer

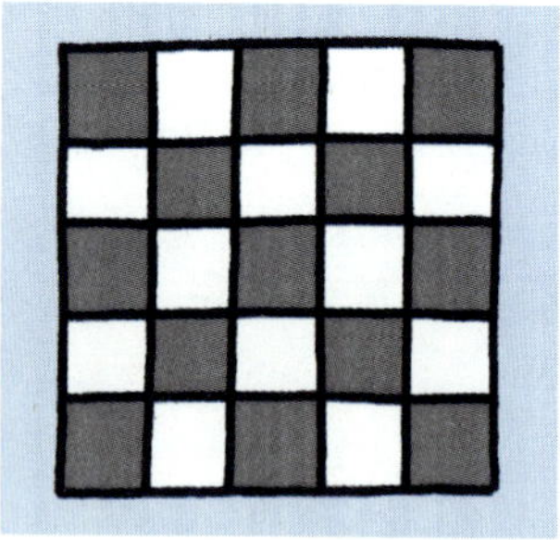

Die Aufgabe ist unlösbar. Ein Springer wechselt bei jedem Zug die Farbe seines Feldes. Da ein 5 × 5-feldiges Schachbrett dreizehn schwarze und zwölf weiße Felder hat, stehen natürlich zu Beginn dreizehn Springer auf schwarzen und zwölf Springer auf weißen Feldern. Durch den gemeinsamen Zug müssten nun folglich dreizehn Springer auf weiße und zwölf Springer auf schwarze Felder gelangen. Das ist jedoch unmöglich, da sich die Anzahl der weißen Felder nicht erhöht haben kann.[1, 2]

Das Problem hat einen Vorläufer, der in zwei verschiedenen Varianten seit vielen Jahrhunderten durch die Schachliteratur und die Unterhaltungsmathematik geistert.[3]

Auf einem Eckfeld eines 5 × 5-feldigen Schachbretts steht ein Springer. Er soll mit 25 Zügen einmal jedes Feld besuchen und am Ende wieder im Startfeld ankommen. Finden Sie einen solchen Rundzug!

Das Problem ist unlösbar. Alle Eckfelder sind schwarz, darum muss der Springer mit seinem ersten Zug auf ein weißes Feld ziehen. Da er nun mit jedem Zug die Farbe seines Feldes wechselt, muss es für fünfundzwanzig Züge dreizehn weiße und zwölf schwarze Felder geben. Die Farbverteilung der Felder ist aber genau umgekehrt, darum kann es keinen Rundzug für den Springer geben.

Bei der anderen Variante, die unter dem Namen «Rösselsprungproblem» bekannt ist, soll die gleiche Aufgabe auf einem gewöhnlichen 8 × 8-feldigen Schachbrett gelöst werden. Auf diesem Brett gibt es sehr viele Rundzüge, aber es ist nicht leicht, auch nur einen einzigen zu finden. Viele Denksportler und auch Mathematiker haben das Rösselsprungproblem untersucht. Selbst der große Schweizer Mathematiker Leonhard Euler (1707–1783) hat sich intensiv damit beschäftigt.[4] Doch erst 1997 gelang es, mithilfe von Computern die Anzahl aller möglichen Rundzüge zu berechnen[5]: Es sind insgesamt 13 267 364 410 532 Touren.

Eine andere Variante dieses Problems benutzt keine Schachbretter und Springer, aber seine Lösung beruht auf dem gleichen Kunstgriff.[6] Ein Handelsreisender muss zweiundzwanzig Städte besuchen. Damit er zum Wochenende wieder pünktlich zu Hause ist, möchte er durch keine Stadt mehr als einmal fahren. Dabei darf er natürlich nur die auf der Karte eingezeichneten Straßen benutzen.

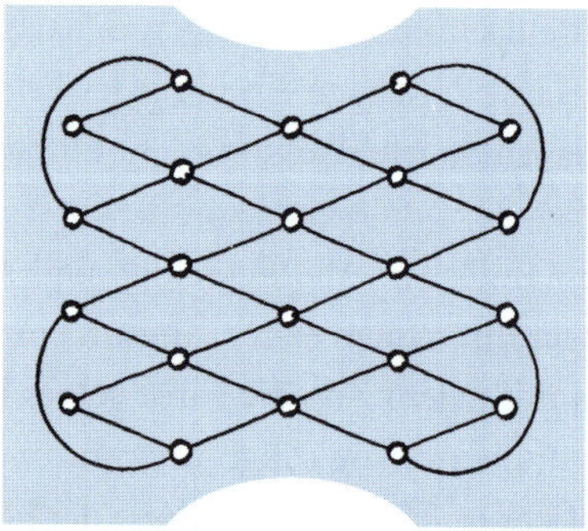

Ist eine solche Autotour möglich, und wenn ja, in welcher Stadt muss er seine Reise beginnen, und wo endet sie?
In der Karte sind die Städte auf fünf Spalten verteilt, die abwechselnd schwarz und weiß gefärbt sind. Die schwarzen Städte sind

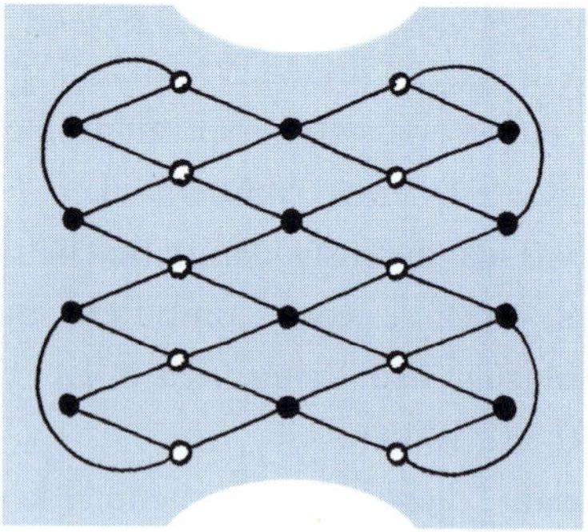

dabei nur mit weißen Städten verbunden und umgekehrt. Der Handelsreisende muss also immer abwechselnd eine schwarze und eine weiße Stadt aufsuchen. Da es aber nun zwölf schwarze Städte und nur zehn weiße Städte gibt, lassen sich nicht alle in einer alternierenden Reihe unterbringen. Es ist folglich unmöglich, dass der Handelsreisende alle Städte nur einmal besucht.

1 Martin Gardner, *Scientific American* 216, März 1967, S. 126 (Aufgabe).
2 Martin Gardner, *Scientific American* 216, April 1967, S. 123 (Lösung).
3 Wilhelm Ahrens, *Mathematische Unterhaltungen und Spiele*, Leipzig 1901, S. 165–208.
4 Leonhard Euler, *Mém. de l'Académie des Sciences de Berlin* 15, 1759, S. 310–337.
5 Brendan D. McKay, *Technical Report TR-CS-97-03*, The Australian National University, Februar 1997.
6 James F. Hurley (Hg.), *Litton's Problematical Recreations*, New York 1971, S. 32, 291.

24. Eine seltsame Schrift

Bei dieser Schrift sind nicht die Buchstaben selbst dargestellt, sondern die Lücken zwischen den Buchstaben. Unterlegt man

die hellen Zeichen mit einem dunklen Hintergrund, tritt deutlich sichtbar das in Blockschrift geschriebene Wort «POPOCATEPETL» hervor, der Name eines mexikanischen Vulkans.[1]

1 Edi Lanners, *Illusionen*, München 1973, S. 100.

25. Verschachtelte Dreiecke

Dreht man das kleine Dreieck innerhalb des Kreises um 180 Grad, so ändert sich dabei nicht sein Flächeninhalt. Dafür sieht man sofort, dass die Fläche des äußeren Dreiecks viermal so groß ist wie die des inneren Dreiecks.[1]

Von diesem Problem gibt es zwei Varianten, die sich auf ganz ähnliche Weise lösen lassen.

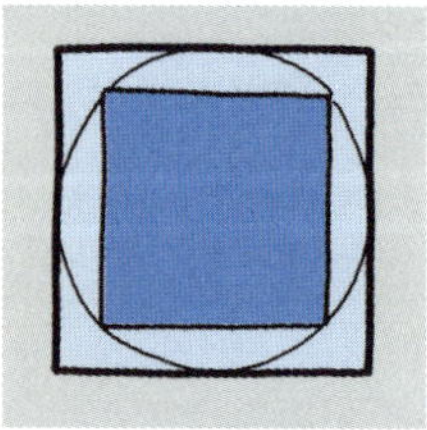

Einem Quadrat ist ein Kreis einbeschrieben, der wiederum Umkreis eines zweiten Quadrates ist. In welchem Verhältnis stehen die Flächeninhalte der beiden Quadrate?[2]

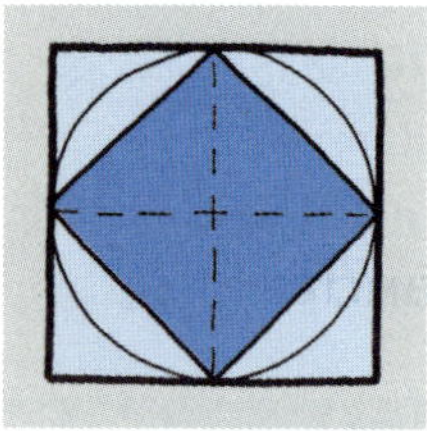

Man zeichnet in das kleine Quadrat die beiden Diagonalen ein und dreht es in dem Kreis um 45 Grad. Nun fällt einem die Lösung sofort ins Auge: Das äußere Quadrat besteht aus acht gleichen Dreiecken, das innere aus vier. Das große Quadrat hat also eine doppelt so große Fläche wie das kleine.

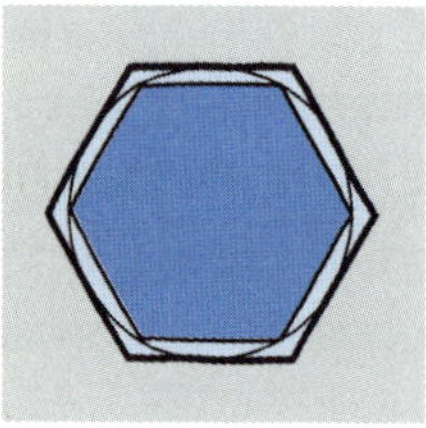

Ein Kreis dient einem regelmäßigen Sechseck als Umkreis und gleichzeitig einem anderen regelmäßigen Sechseck als Inkreis. In welchem Verhältnis stehen die Flächeninhalte der beiden Sechsecke?[3]

Wieder wird der gleiche Trick ange-

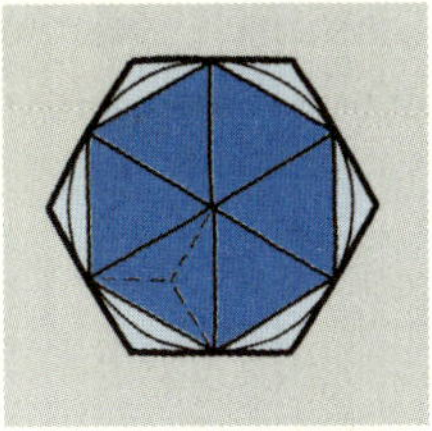

wandt: Man dreht das innere Sechseck um 30 Grad. Jetzt verbindet man den Kreismittelpunkt mit den Ecken des kleinen Sechsecks. Dadurch entstehen sechs gleichseitige Dreiecke. In jedem dieser Dreiecke zieht man Linien von den Ecken zu ihren Mittelpunkten. Die gesamte Fläche der Figur ist nun in lauter deckungsgleiche gleichschenklige Dreiecke unterteilt. Das große Sechseck wird von 24 und das kleine von 18 dieser Dreiecke bedeckt. Das Verhältnis ihrer Flächen beträgt also 24 zu 18 oder 4 zu 3.

1 Martin Gardner, *Science Fiction Puzzle Tales,* New York 1981, S. 38 f., 84.
2 Claude Birtwistle, *Mathematical Puzzles and Perplexities,* London 1971, S. 79, 177, 191.
3 Charles W. Trigg, *Mathematics Magazine* 35, März 1962, S. 70.

26. Kalis irdische Verwandte

Sie täten gut daran, die Wette nicht anzunehmen. Normalerweise hat der Mensch zwei Arme, aber es gibt auch einige Leute, die durch einen Unfall, durch Krieg oder aus irgendeinem anderen Grund einen Arm oder sogar beide Arme verloren haben. Diese Leute drücken die durchschnittliche Armzahl pro Mensch von zwei auf etwas unter zwei. Ist also unter den nächsten zehn Personen, die den Bahnhof betreten, wenigstens eine, die zwei Arme hat, und das ist sehr wahrscheinlich, so hat sie überdurchschnittlich viele Arme, und der Bahnhofsvorsteher hätte die Wette gewonnen.[1]

1 Heinrich Hemme, *Heureka!*, Göttingen 1988, S. 20, 62.

27. Die versteckte Pflanze

Die Aufgabe kann auf zweierlei Art verstanden werden. Zum einen kann man sie so deuten, dass man versuchen soll, zehn Buchstaben aus der Reihe zu streichen, und dass dann die restlichen Buchstaben einen Pflanzennamen ergeben. Dies wird einem aber, sosehr man sich auch mühen mag, nicht gelingen. Man kann sie aber zum anderen auch so verstehen, dass man die Buchstabenfolge «ZEHN BUCHSTABEN» streichen und dann der Text «EIN PFLANZENNAME» übrig bleiben soll. Das ist einfach: Man braucht nur jeden zweiten Buchstaben der Reihe zu entfernen.[1]
Um dies leichter sehen zu können, ist jeder zweite Buchstabe der Reihe etwas höher gestellt worden.

E Z I E N H P N F B L U A C N H Z S E T N A N B A E M N E

1 Martin Gardner, *Scientific American* 208, April 1963, S. 158, 163.

28. Das E-Puzzle

Aus den drei Teilen kann man die perspektivische Darstellung eines massiven E bilden. Das E hat eine weiße Vorderfläche und dunkle Seitenflächen und steht vor einem weißen Hintergrund.[1] Deshalb ist es schwer zu erkennen.
Es tritt deutlicher hervor, wenn man es statt vor einen weißen Hintergrund vor einen grauen stellt.

1 Scot Morris, vorgestellt auf: 17th International Puzzle Party, San Francisco 1997.

29. Die Quadratur der Streichhölzer

In der Aufgabe war nicht gesagt worden, dass sich die Quadrate nicht überlappen dürfen.[1]

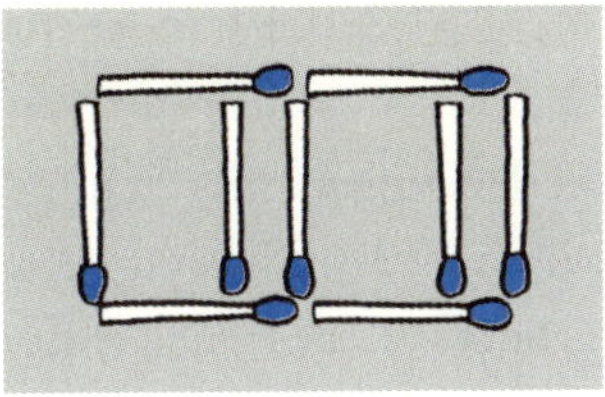

1 James Alston Hope Hunter, *Hunter's Math Brain Teasers*, New York 1965, S. 18, 62.

30. Doppelt so groß und doch zu klein

Die meisten Menschen nehmen unbewusst an, dass die Sechsecke konvex sein müssen, also keine Einbuchtungen haben dürfen. Das wurde aber in der Aufgabe keineswegs verlangt. Zieht man auch konkave Sechsecke in Betracht, wird die Aufgabe ganz

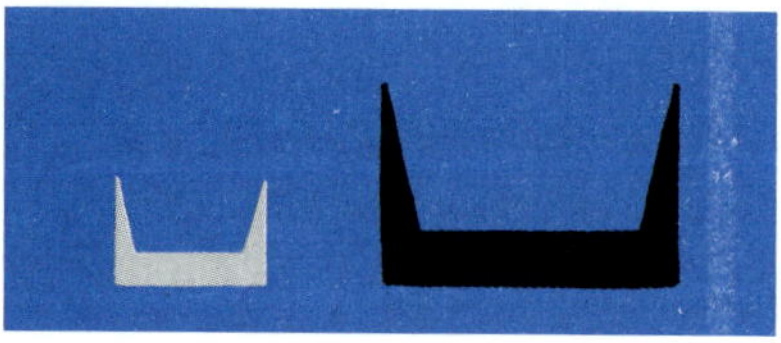

einfach, und es gibt beliebig viele Lösungen.[1] Ansonsten ist sie unlösbar.

1 Aaron J. Friedland, *Puzzles in Math and Logic*, New York 1970, S. 4, 40.

31. Eine schwierige Fehlersuche

In der Aufgabe gibt es insgesamt drei Fehler: Die zweite und die vierte Gleichung sind falsch, und die Behauptung, in der Aufgabe seien vier Fehler, trifft nicht zu.[1]
In der ursprünglichen Version dieses Problems, die man immer noch in vielen Büchern und Artikeln findet, lautet der einleitende Satz: «In dieser Aufgabe sind *drei* Fehler.» Als Lösung werden die beiden offensichtlichen Fehler und der einleitende Satz genannt.[2] Dies führt jedoch zu einem Paradoxon: Wenn nur

zwei Ausdrücke falsch sind, dann ist die Behauptung, dass es drei Fehler gibt, auch falsch. Dadurch kommt man auf insgesamt drei Fehler, und die Behauptung, dass es drei Fehler gibt, ist dann richtig. Das hat wiederum zur Folge, dass es nur zwei Fehler gibt. Diesem logischen Teufelskreis kann man nicht entkommen.

In den älteren Versionen dieses Problems geht es meistens nicht um Rechen-, sondern um Rechtschreibfehler. In einem Buch von James F. Hurley aus dem Jahre 1971 heißt es: «In dieser Aufgabe sind drei Feler. Finden Sie sie allle!» Auch bei dieser Version entgeht man nicht dem logischen Teufelskreis.[3]

1 Heinrich Hemme, *Das Problem des Zwölf-Elfs*, Göttingen 1998, S. 24, 37.

2 Martin Gardner, *Scientific American* 219, August 1968, S. 108 f.

3 James F. Hurley, *Litton's Problematical Recreations*, New York 1971, S. 34, 291.

32. Dr. Watson und das Vorzeichen

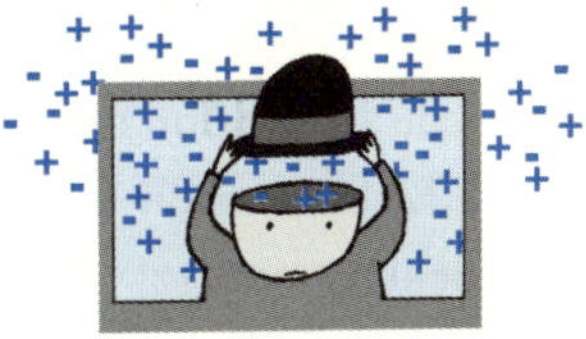

Menschen, die sich durch Sherlock Holmes' Gerede über das Vorzeichen vom eigentlichen Problem ablenken lassen, erhalten meistens das falsche Ergebnis –0,1. Stellt man die beiden Zahlen nicht durch Wörter, sondern durch Ziffern dar, wird alles sofort klar:[1]
null Komma neun minus null Komma zehn = 0,9 – 0,10 = 0,8

1 Albert Thormann, *Wunder im Reiche der Zahlen*, Hamburg 1950, S. 10, 113.

33. Seltsame Vorfahren

Dies ist ohne weiteres möglich, denn der Großvater muss ja nicht unbedingt der Vater des Vaters sein. Angenommen, ein alter Mann heiratet eine so junge Frau, dass sogar sein Schwiegervater jünger ist als er selbst, und das Ehepaar bekommt ein Kind. Dieses Kind hat nun einen Vater, der älter ist als sein Großvater mütterlicherseits.[1]

1 Theodor Wolff, *Die lächelnde Sphinx*, Prag 1937, S. 188, 197.

34. Wem die Stunde schlägt

Die Antwort «22 Sekunden» ist falsch. Der Glockenschlag selbst ist sehr kurz; praktisch die gesamte Zeit wird für die Pausen zwischen den Schlägen gebraucht. Wenn die Kirchturmuhr fünf Uhr schlägt, dauern die vier Pausen zehn Sekunden. Also hat jede Pause eine Länge von 2,5 Sekunden. Folglich braucht die Uhr für den Elf-Uhr-Schlag zehn Pausen und somit 25 Sekunden.

1 Tom King, *The Best 100 Puzzles Solved and Answered*, London o. J. [1930 ?], S. 19, 47.

35. Wie Faulpelze Licht einschalten

Beim Lösen von Denksportaufgaben vergisst man leicht, auch physikalische Effekte zu berücksichtigen. Wenn man daran denkt, dass eine brennende Glühbirne warm wird und sie es nach dem Abschalten auch noch eine Zeit lang bleibt, so reicht es aus, einmal auf den Dachboden zu steigen.

Dazu schaltet man den ersten Lichtschalter ein, wartet fünf Minuten und macht ihn dann wieder aus. Anschließend drückt man auf den zweiten Schalter und geht auf den Dachboden. Dort fasst man kurz an die beiden nicht brennenden Birnen. Nun ist die Zuordnung einfach: Zum ersten Schalter gehört die nicht leuchtende, aber warme Birne, zum zweiten Schalter die leuchtende Birne und zum dritten Schalter die nicht leuchtende, kalte Birne.[1, 2]

1 Richard I. Hess, *Pi Mu Epsilon Journal* 10, Frühjahr 1998, S. 660 (Aufgabe).

2 Rex H. Wu und Richard I. Hess, *Pi Mu Epsilon Journal* 10, Frühjahr 1999, S. 840 f. (Lösung).

36. Die Hälfte von zwölf

Mit der Hälfte der Zwölf muss nicht unbedingt ihr halber Zahlenwert gemeint sein. Man kann das Problem auch geometrisch verstehen. Schreibt man die Zwölf als römische Zahl und halbiert sie durch einen horizontalen Schnitt, so ist die obere Hälfte die römische Zahl VII.[1]

Andere römische Zahlen, die auf die gleiche Weise halbiert werden können und dadurch wieder eine römische Zahl ergeben, sind I, II, III, IX, X, XI und XIII. Dabei erhält man bei der Halbierung von X sogar auch das rechnerisch richtige Ergebnis V.

Für dieses Problem gibt es auch eine algebraische Lösung, die jedoch nicht ganz leicht zu finden ist. Fasst man 12 und 7 als Duodezimalzahlen auf, so gilt tatsächlich 12 : 2 = 7.[2] Dies kann man leicht überprüfen, indem man die Duodezimalzahlen in Dezimalzahlen umwandelt.

$$12_{12} : 2_{12} = 7_{12}$$
$$(1 \times 12 + 2 \times 1) : (2 \times 1) = (7 \times 1)$$
$$14 : 2 = 7$$

Eine andere Version dieser Aufgabe lautet: Wie können 4 und 6 zusammen 11 ergeben?[3]

Man nimmt die römische Zahl IV, stellt sie auf den Kopf und fügt sie mit der römischen Zahl VI zur römischen Zahl XI zusammen.

Eine weitere Version stammt von Helmut Postl.[4] Kann man 12 so in zwei Hälften teilen, dass die eine 2 und die andere 11 ist?

Auch das ist möglich. Man teilt das Wort ZWOELF in der Mitte und erhält dadurch ZWO und ELF.

Es gibt noch mehr kuriose Halbierungsverfahren. In einem Leserbrief, der 2003 in der Zeitschrift *Bild der Wissenschaft* erschien, wurden zwölf verschiedene Möglichkeiten für die Hälfte von 8 aufgelistet.[5]

1 4 (Zahl 4, rechnerische Hälfte von 8)

2 0 (Zahl 0, untere Hälfte des Zahlenbildes von 8)

3 O (Buchstabe O, untere Hälfte des Zahlenbildes von 8)
4 o (Buchstabe o, obere Hälfte des Zahlenbildes von 8)
5 ℰ (Schreibschriftbuchstabe E, linke Hälfte des Zahlenbildes von 8)
6 ε (griechischer Buchstabe epsilon, linke Hälfte des Zahlenbildes von 8)
7 3 (Zahl 3, rechte Hälfte des Zahlenbildes von 8)
8 S (Buchstabe S, linke obere und rechte untere Hälfte des Zahlenbildes von 8)
9 ac (Buchstaben ac, vordere Hälfte des Zahlwortes acht)
10 ht (Buchstaben ht, hintere Hälfte des Zahlwortes acht)
11 VI (römische Ziffern VI, vordere Hälfte der römischen Zahl VIII)
12 II (römische Ziffern II, hintere Hälfte der römischen Zahl VIII)

1 Ignatz Bernhard Montag, *Die Wunder der Rechenkunst*, Leipzig 1851, S. 11.
2 Heinrich Hemme, *Die Quadrate des Teufels*, Göttingen 2003, S. 45, 114.
3 Henry Ernest Dudeney, *Puzzles and Curious Problems*, London 1931, S. 121, 188.
4 Helmut Postl, im vorliegenden Buch.
5 Götz R. Schaude, *Bild der Wissenschaft*, März 2003, S. 17.

37. Die Flucht über die Hängebrücke

Die vier Forscher seien, nach ihren Geschwindigkeiten geordnet, *A*, *B*, *C* und *D*.
Die nahe liegendste Lösung, auf welche die meisten Menschen

sofort kommen, ist, dass *A*, weil er der Schnellste ist, zusammen mit einem der anderen über die Brücke geht, dann zurückkommt und nacheinander die beiden letzten holt. Auf diese Weise dauert es 26 Minuten, bis alle Forscher auf der anderen Seite des Flusses sind.

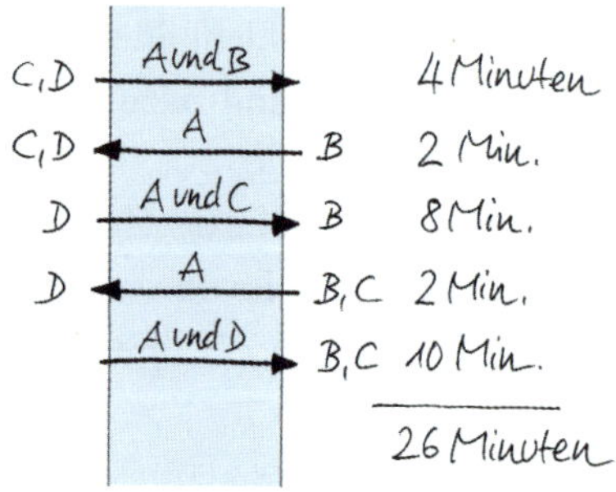

Es geht jedoch noch etwas schneller. Dazu darf man sich aber nicht zu sehr auf den Schnellsten fixieren. Zuerst gehen *A* und *B* über die Brücke, und *A* bringt anschließend die Taschenlampe zurück. Danach überqueren *C* und *D* den Fluss, und *B* bringt die Lampe zurück. Zum Schluss gehen *A* und *B* wieder über die Brücke. So dauert die gesamte Flussüberquerung nur 24 Minuten.[1]

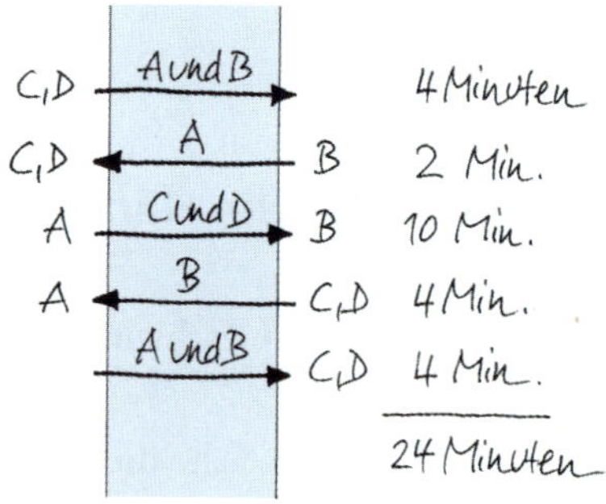

1 Saul X. Levmore und Elizabeth Early Cook, *Super Strategies For Puzzles and Games*, New York 1981, S. 3–6.

38. Der liebe Kollege

Es wäre nicht sehr klug, die Wette anzunehmen. Wenn Sie Ihrem lieben Kollegen fünf Euro schenkten, dann gäbe er Ihnen vermutlich dafür nichts wieder. Ihr Kollege hätte also die Wette verloren und müsste Ihnen deshalb einen Euro geben. Insgesamt hätte Ihr Kollege also dadurch vier Euro gewonnen und Sie vier Euro verloren.[1]

1 Martin Gardner, *Scientific American* 208, April 1963, S. 160, 163.

39. Der Primzahltanz

Die Wahrscheinlichkeit ist null, denn wenn schon sechsunddreißig Frauen mit ihren Ehemännern tanzen, bleibt für die siebenunddreißigste als Tanzpartner nur noch ihr eigener Mann übrig, und dann würden siebenunddreißig Frauen mit ihren Ehemännern tanzen.[1] Mit Primzahlen hat diese Aufgabe gar nichts zu tun. Sie dienen nur zur Ablenkung.

1 Charles W. Trigg, *Mathematics Magazine* 23, März/April 1950, S. 210 f.

40. Die Weltreise nach Nordosten

Die meisten Menschen nehmen an, dass das Flugzeug auf einer Kreisbahn um die Erde fliegt und deshalb nach

$$\frac{\frac{1}{2}\pi \cdot 12756\,\text{km}}{500\,\text{km/h}} \approx 40\,\text{h}$$

wieder am Äquator ist. Diese Antwort ist aber falsch. Denn wenn das Flugzeug die Erde umkreisen soll, darf es nicht immer nur nach Nordosten fliegen, sondern muss auch irgendwann einmal einen Südanteil bei der Flugrichtung haben.

Aber wie sieht die Bahn aus? Das Flugzeug schraubt sich auf einer Spirale, die in der Navigation Loxodrome genannt wird, unendlich oft um den Nordpol herum und nähert sich ihm immer mehr. Die Spirale entsteht dadurch, dass der Kurs, also der Winkel zwischen der Bahn und den Meridianen, immer gleich bleibt und die Meridiane alle sternförmig auf den Nordpol zulaufen. Das Bild zeigt die Erde mit Blick von oben auf den Nordpol. Von der Loxodromen erkennt man nur eine Windung; die anderen Windungen sind so eng gewickelt, dass sie sich in der Zeichnung nicht auflösen lassen. Das Flugzeug kommt also nie wieder zum Äquator zurück.[1,2]

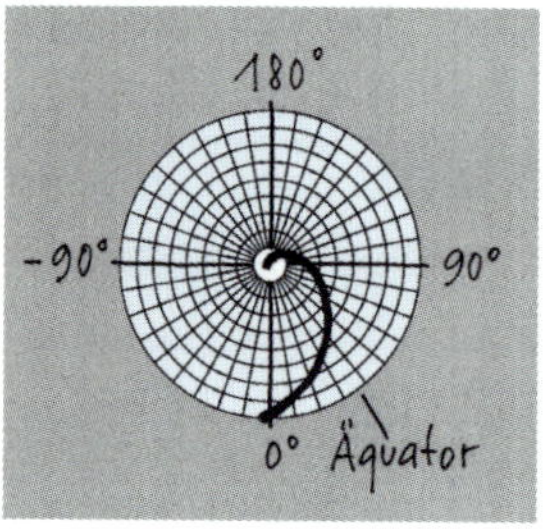

1 F. A. Foraker, *Education* 38, November 1917, S. 158 (Aufgabe).

2 Hugo Steinhaus, *Mathematical Snapshots*, New York 1950, S. 216–221 (Lösung); polnische Originalausgabe: Warschau 1938.

41. Ein besonderes Wort

Das Wort «falsch» sprechen alle deutschsprachigen Physiker der Fachhochschule Aachen natürlich auch «falsch» aus.[1]

1 Clark Kinnaird, *Encyclopedia of Puzzles and Pastimes*, New York 1946, S. 235, 241.

42. Dominosteine auf dem Schachbrett

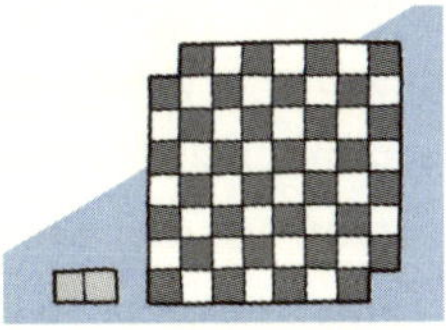

Aus dem Schachbrett wurden zwei weiße Felder herausgesägt, es bleiben also zweiunddreißig schwarze und dreißig weiße Quadrate übrig. Ein Dominostein deckt immer ein schwarzes und ein weißes Feld ab, einunddreißig Steine also einunddreißig weiße und einunddreißig schwarze Felder. Folglich ist die Aufgabe unlösbar.[1]

1 Max Black, *Critical Thinking*, Englewood Cliffs 1946, S. 142, 394.

43. Der verschwundene Euro

Addiert man die 2 Euro des Kellners zu den 57 Euro der drei Gäste, so erhält man eine völlig bedeutungslose Summe. Richtig muss die Rechnung lauten: Die drei Männer haben 57 Euro für ihre Zeche bezahlt, von denen 55 Euro der Wirt und 2 Euro der Kellner bekommen haben. Oder: Die Männer bekamen 3 Euro zurück, die zusammen mit den 55 Euro des Wirts und den 2 des Kellners den vollen Betrag von 60 Euro ergeben.[1, 2]

1 Eugene P. Northrop, *Riddles in Mathematics,* New York 1944, S. 8 f. (Aufgabe).

2 Joseph Leeming, *Fun with Puzzles,* Philadelphia 1946, S. 152 (Lösung).

44. Blumen für Julia

Die drei Behauptungen aus der Aufgabe lassen sich auf zwei Weisen miteinander vereinbaren. Die erste Möglichkeit ist, dass der Strauß aus drei Blumen besteht, und zwar aus einer Rose, einer Tulpe und einer Nelke.[1]

Bei der zweiten Möglichkeit bekommt Julia nur zwei Blumen, die beide weder Rosen noch Tulpen, noch Nelken sind. Die Behauptung aus der Aufgabe, dass alle Blumen, außer zwei, Rosen seien, mag zwar seltsam klingen, wenn gar keine Rose dabei ist, aber sie ist trotzdem völlig korrekt.[2]

1 Erwin Brecher, *Journey Through Puzzleland,* London 1994, S. 97, 262 (Aufgabe und 1. Lösung).

2 Albert Washüttl, Internet, www.astro.univie.ac.at/Stud/Puzzle/oldpuzzle02.html, 12. April 1995 (2. Lösung).

45. Anglerlatein

Die Lösung ist ganz einfach: Was Kunz' Karpfen zusätzlich zur Hälfte seines Gewichts wiegt, kann nur die andere Hälfte sein. Da diese andere Hälfte aber 20 kg beträgt, wiegt der gesamte Fisch 40 kg.[1]

1 E. Haldeman-Julius, *Problems, Puzzles and Brain-teasers*, Girard 1937, S. 9, 24.

46. Der verborgene Stern

Der regelmäßige, fünfzackige Stern ist im unteren rechten Viertel der Zeichnung verborgen.[1]

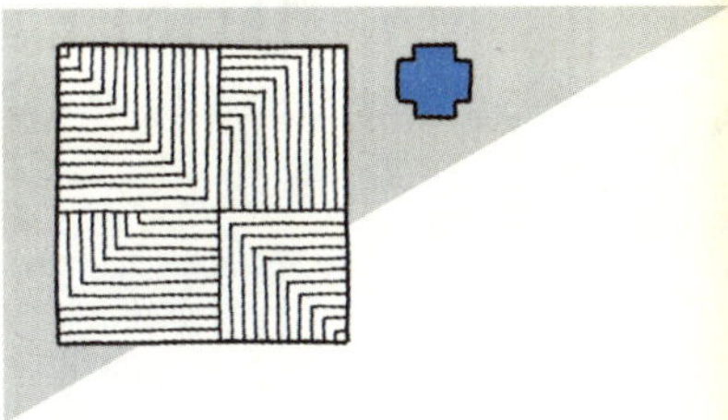

Eine hübsche Variante dieses Suchbildes stammt von Karl-Heinz Paraquin.[2] In diesem Muster aus Linien ist das nebenstehende Kreuz versteckt, das jedoch eine andere Größe haben kann, aber genauso proportioniert sein muss. Versuchen Sie, es zu finden!

Die farbig unterlegte Fläche ist das einzige Kreuz in dem Muster mit den passenden Proportionen.

Diese geometrischen Suchbilder haben Vorläufer, die immer noch sehr beliebt und in vielen Zeitschriften und Rätselbüchern für Kinder zu finden sind.

In dieser Zeichnung von Rotkäppchen aus dem Jahr 1940 sind der Wolf, der Jäger und die Großmutter versteckt.[3] Finden Sie sie.

Die Lösungen sind farbig unterlegt und an der Unterseite mit einem Punkt versehen worden.

1 Sam Loyd (Hg.), *Sam Loyd's Cyclopedia of 5000 Puzzles, Tricks and Conundrums with Answers*, New York 1914, S. 318, 382.
2 Karl-Heinz Paraquin, *Schummelbilder*, Ravensburg 1975, S. 35, 119.
3 Morlay Adams, *The Children's Puzzle Book*, London 1940, S. 16, 66.

47. Der längste Monat des Jahres

Viele Menschen vermuten, dass der Januar der längste Monat des Jahres sei, denn er hat 31 Tage und gelegentlich eine Schaltsekunde extra. Aber das ist falsch.
Der Oktober ist in Deutschland der längste Monat des Jahres.[1] Die Monate Januar, März, Mai, Juli, August, Oktober und Dezember haben einunddreißig Tage. Fünf dieser Monate sind 31 × 24 = 744 Stunden lang. Nur der März dauert 743 Stunden, denn in jedem Jahr an seinem letzten Wochenende beim Umstellen von der Winter- auf die Sommerzeit fällt eine Stunde aus, die am letzten Oktoberwochenende beim Umstellen von der Sommer- auf die Winterzeit wieder zusätzlich eingefügt wird. Deshalb hat der Oktober 745 Stunden.

1 CUS (Pseudonym), Westdeutscher Rundfunk, Fernsehsendung «esc@pe – die nacht im netz», 31. März 1998.

48. Die Farbe des Bären

Das Problem scheint unlösbar zu sein: Was hat die Farbe des Bären mit der Wanderung des Jägers zu tun? In der Überraschung

übersieht man leicht, dass man normalerweise nach zweimaligem rechtwinkligem Abbiegen nicht zum Ausgangspunkt zurückkehren kann. Und darin liegt der Schlüssel des Rätsels: Der Jäger steht auf dem Nordpol, und der Bär ist ein Eisbär und folglich weiß.

Der Jäger geht morgens am Pol los und wandert auf einem Meridian nach Süden. Nach zehn Kilometern biegt er ab und marschiert zehn Kilometer entlang eines Breitenkreises, der natürlich immer den gleichen Abstand vom Nordpol bewahrt. Schließlich kehrt er auf einem weiteren Längenkreis zum Pol zurück. Und da die einzigen Bären in der Arktis Eisbären sind, muss die Farbe seiner Beute weiß sein.[1,2]

Gibt es noch mehr Punkte auf der Erde, von denen aus unser Jäger die gleiche Wanderung unternehmen und wieder zum Ausgangspunkt zurückgelangen kann?[1,2]

Man ist versucht, spontan «Südpol» zu sagen, aber das ist falsch: Vom Südpol aus kann man keine zehn Kilometer mehr nach Süden gehen. Trotzdem gibt es noch unendlich viele Punkte auf der Erde, die die Bedingungen erfüllen.

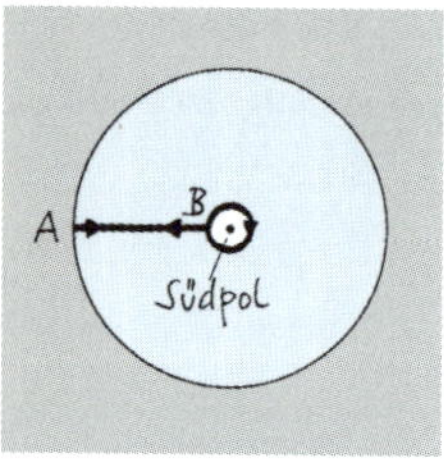

Um sie zu finden, schlägt man um den Südpol zwei Breitenkreise. Der innere Kreis hat einen Umfang von zehn Kilometern und der zweite Kreis einen Abstand von zehn Kilometern vom ersten. Wenn der Jäger an irgendeinem Punkt *A* des äußeren Breitenkreises steht und zehn Kilometer nach Süden geht, so läuft er auf den Pol zu und gelangt in *B* zum inneren Kreis.

Zehn Kilometer nach Osten wandern heißt dann, einmal auf dem Breitengrad im Kreis gehen und zu *B* zurückkehren. Schließlich geht er nach Norden und gelangt so zurück zu Punkt *A*.

Der innere Kreis muss nicht unbedingt einen Umfang von zehn Kilometern haben, er darf auch 10/2 km, 10/3 km, 10/4 km usw. betragen. Der Jäger wird dann nur bei seiner Wanderung nach Osten den Südpol zwei-, drei-, viermal usw. umrunden. Bären kann er allerdings dort nicht schießen, denn in der Antarktis gibt es keine.

Von diesem Klassiker der Unterhaltungsmathematik gibt es noch einige hübsche Varianten.

Ein Forscher tritt eines Tages morgens vor sein Zelt und bricht in Richtung Norden auf. Er wandert zehn Kilometer weit geradeaus und macht dann seine Mittagspause. Danach startet er wieder in Richtung Norden, geht zehn Kilometer weit exakt geradeaus und gelangt so schließlich zu seinem Zelt zurück. Wo steht das Zelt des Forschers?[3]

Das Zelt kann an einem beliebigen Punkt in der Arktis stehen, der näher als zehn Kilometer am Nordpol liegt. Der Pol selbst ist allerdings ausgenommen. Der Forscher startet morgens in Richtung Norden, er geht also auf den Nordpol zu. Irgendwann während seiner Wanderung überschreitet er den Pol und marschiert dann, ohne seine Richtung zu ändern, nach Süden weiter. Nach seiner Mittagspause startet er wieder in Richtung Norden. Das heißt, er geht den Weg zurück, den er gekommen ist, überschreitet irgendwann wieder den Pol, geht nach Süden weiter und kommt schließlich bei seinem Zelt an.

Ein anderer Forscher wandert zuerst zehn Kilometer nach Norden und anschließend fünf Kilometer nach Süden. Wie weit kann er dann maximal von seinem Startpunkt entfernt sein?[4]

Für fast alle Startpunkte auf der Erde muss die Antwort natürlich fünf Kilometer lauten. Aber es gibt Ausnahmen. Wenn der Mann seine Wanderung an einem Punkt beginnt, der zehn Kilometer vom Nordpol entfernt ist, so steht er, wenn er zehn Kilometer nach Norden gegangen ist, auf dem Nordpol. Vom Nordpol aus ist jede Richtung Süden. Wenn der Mann also die eingeschlagene Richtung beibehält, läuft er tatsächlich nach Süden und ist dadurch am Ende seiner Wanderung fünfzehn Kilometer vom Startpunkt entfernt. Dies ist die größtmögliche Entfernung.

1 F. A. Foraker, *Education* 38, November 1917, S. 158 (Aufgaben).

2 E. J. Moulton, *American Mathematical Monthly* 51, April 1944 (Lösungen).

3 David Singmaster, in: Elwyn Berlekamp und Tom Rodgers (Hg.), *The Mathemagician and Pied Puzzler*, Natick 1999, S. 53 f., 65.

4 Michael Engel, *Denksport-Rätsel für Geniale*, Wien 2001, S. 61, 93.

49. Seltsame Zahlen

Die römischen Zahlen IV, IX, XL … erhöhen ihren Wert, wenn man die erste Ziffer wegnimmt.[1]

1 Ignaz Bernhard Montag, *Die Wunder der Arithmetik*, Leipzig 1851, S. 2.

50. Die Geraden und der Würfel

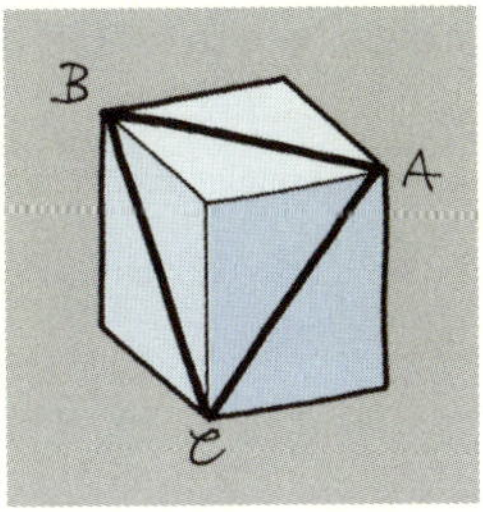

Den meisten Menschen fällt es schwer, sich zwei einander im dreidimensionalen Raum kreuzende Geraden vorzustellen. Dabei braucht man nur die beiden Punkte *A* und *C* miteinander zu verbinden, und alles wird sofort klar: Man erhält ein gleichseitiges Dreieck. Da die Summe aller Winkel im Dreieck immer 180 Grad beträgt und ein gleichseitiges Dreieck auch ein gleichwinkliges ist, muss der Schnittwinkel 60 Grad betragen.[1]

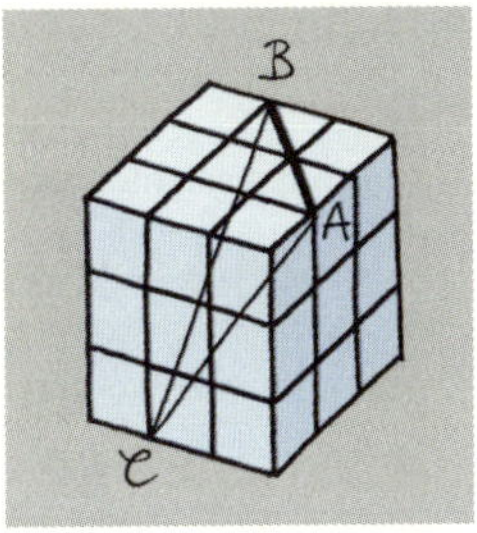

Eine raffinierte Variante dieses Problems stammt von Wei-Hwa Huang.[2] Siebenundzwanzig kleine Würfel sind zu einem großen Würfel zusammengesetzt worden. Wie groß ist in dem Dreieck *ABC* des Würfels der Winkel an der Ecke *B*?

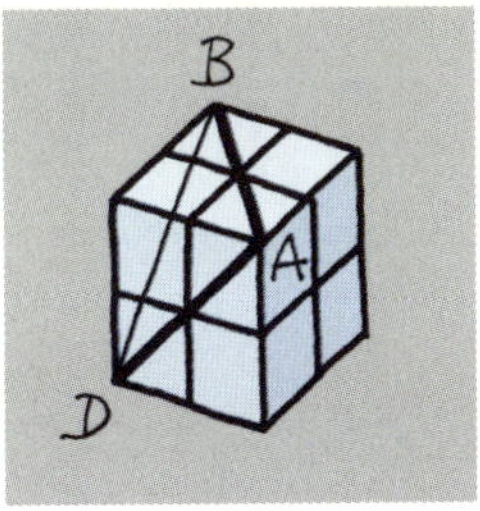

Der Winkel ist leicht zu bestimmen, wenn man aus dem 3 × 3 × 3-Würfel hinten oben rechts einen 2 × 2 × 2-Würfel herausschneidet. Die Dreiecksseite *AB* ist eine Diagonale der Oberseite dieses Würfels. Die Strecke *BC* läuft durch den Punkt *D* und ist eine Diagonale der linken Seite dieses Würfels. Verbindet man nun die Ecken *A*

und *D*, so erhält man auch noch eine Diagonale der Würfelvorderseite. Da alle drei Diagonalen gleich lang sind, muss das Dreieck *ABD* gleichseitig sein. Folglich beträgt der Winkel an der Ecke *B* genau 60 Grad.

1 L. H. Longley-Cook, *Work This Out*, London 1960, S. 46 f., 84.

2 Wei-Hwa Huang, in: Ed Pegg, Internet, www.mathpuzzle.com/Solution.htm, Juli 2000.

51. Die Namen der Töchter

Die mittlere Tochter heißt selbstverständlich Inga und nicht etwa Lili.

1 Jürgen Frigger, Internet, www.frigger.de/index.php?/raetsel2.htm, 2002.

52. Spinne und Fliege

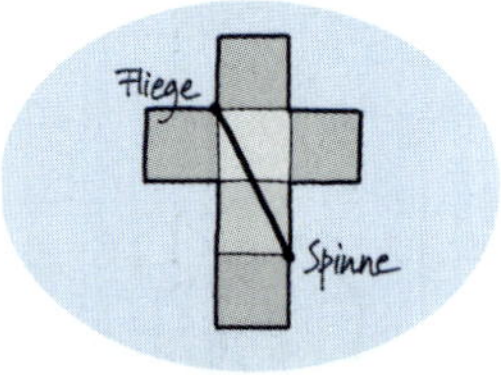

Man sieht sofort eine kürzeste Strecke, wenn man sich den Würfel als Pappkarton vorstellt, den man an einigen Kanten aufschneidet und auf dem Tisch ausbreitet.

Da die Kantenlänge des Würfels 10 cm beträgt, ist der kürzeste Weg der Spinne bis zur Fliege $\sqrt{5} \times 10$ cm $\approx 22{,}36$ cm lang.[1] Der Weg, den viele Menschen für den kürzesten halten und der einem auch sofort ins Auge fällt, besteht aus einer Würfelkante und einer Flächendiagonalen. Er hat aber eine Länge von 10 cm + $\sqrt{2} \times 10$ cm $\approx 24{,}14$ cm. Henry Ernest Dudeney, von dem dieses Problem stammt, hat auch eine etwas kompliziertere Version davon entworfen.[2, 3] In einem Raum von 2,40 m × 6,00 m Grundfläche und mit 2,40 m hohen Wänden hockt auf der Mittellinie einer der beiden quadratischen Wände, 20 cm über dem Boden, eine Spinne. Auf der Mittellinie der gegenüberliegenden Wand, 20 cm unter der Decke, sitzt eine Fliege. Die Spinne möchte die Fliege fressen und krabbelt auf einem möglichst kurzen Weg zu ihr hin. Da die Spinne nicht fliegen kann, muss ihr Weg natürlich über die Wände, die Decke und den Fußboden gehen. Wie lang ist der Weg der Spinne?

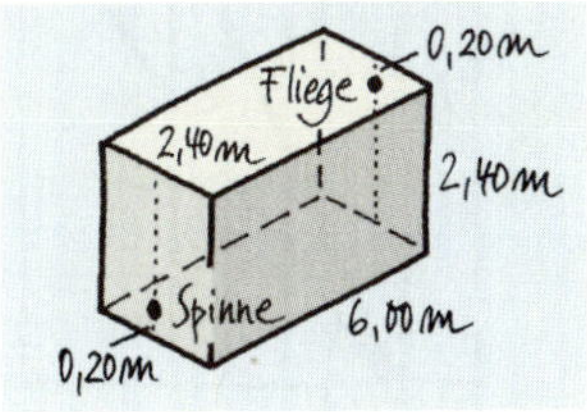

Auch diesmal stellt man sich den Raum als Pappschachtel vor, die man entlang einiger Kanten aufschneidet und flach auf dem Tisch ausbreitet. Die Wand, auf der die Fliege sitzt, lässt man dabei in dem Pappmodell dreimal vorkommen: Einmal ist sie am Boden befestigt, einmal an einer Seitenwand und einmal an der Decke. In dem Modell gibt es drei direkte Wege, die die Spinne bis zur Fliege nehmen kann. Würde man in dem Modell noch weitere Wände doppelt zeichnen, so gäbe es noch mehr direkte Wege. Sie liegen aber entweder symmetrisch zu den ersten drei Wegen, oder aber sie sind deutlich länger.

Bezeichnet man die 6,00 m langen Kanten mit a, die 2,40 m langen Kanten mit b und den Abstand von 20 cm, den die Spinne vom Boden und die Fliege von der Decke hat, mit c, so haben die drei Wege folgende Längen:

$$l_1 = a + b = 8{,}40\ \text{m}$$

$$l_2 = \sqrt{\left(a + \frac{1}{2}b + c\right)^2 + \left(\frac{3}{2}b - c\right)^2} \approx 8{,}14\ \text{m}$$

$$l_3 = \sqrt{(a + 2c)^2 + (2b)^2} = 8{,}00\ \text{m}$$

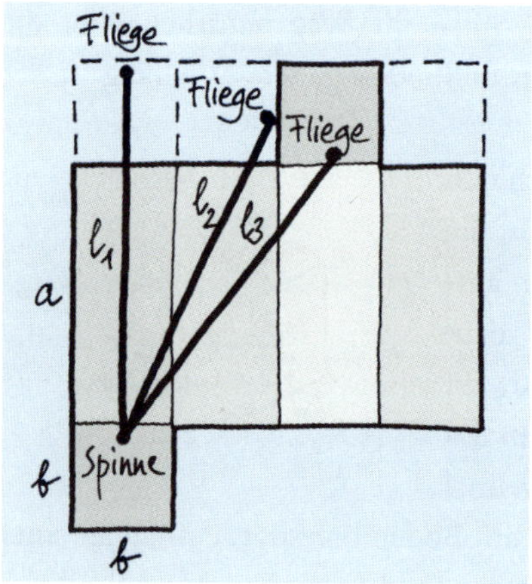

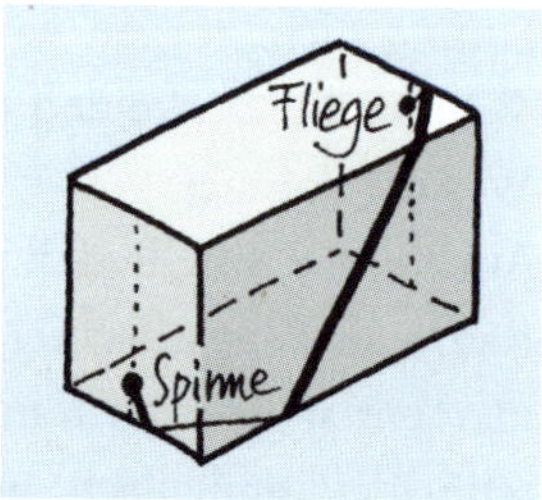

Der kürzeste Weg der Spinne bis zur Fliege verläuft also über drei Wände und über den Boden und die Decke des Raumes.
Martin Gardner hat die Spinne und die Fliege in ein Tetraeder gesetzt, deren Kanten je zwei Meter lang sind.[4, 5] Auf der Mittellinie der vorderen Wand, 70 cm von der Spitze entfernt, sitzt die Fliege, und die Spinne hockt auf der Mittellinie des Bodens,

70 cm von der hinteren Kante entfernt. Welches ist der kürzeste Weg für die Spinne, um zur Fliege zu gelangen?

Im Pappmodell des Tetraeders sollen einige Flächen mehrfach vorkommen.

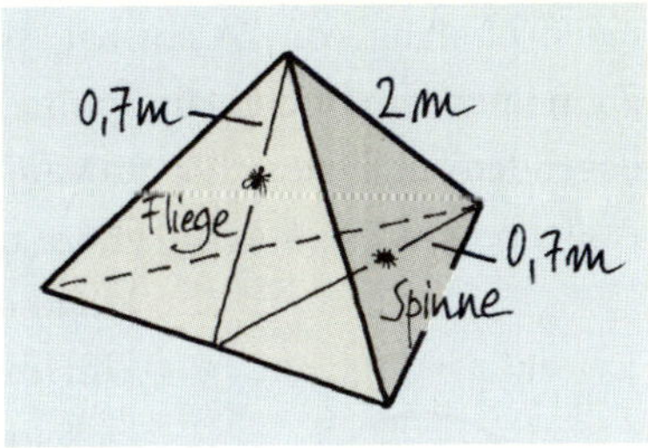

Es gibt drei mögliche Wege. Der eine läuft über zwei Flächen und hat eine Länge von

$$l_1 = 2\left(\frac{1}{2}\sqrt{3} \times 2\text{ m} - 0{,}70\text{ m}\right) \approx 2{,}064\text{ m.}$$

Der zweite Weg läuft über alle vier Seitenflächen und hat die Länge

$$l_2 = 2\sqrt{0{,}7^2 + 1^2}\text{ m} \approx 2{,}441\text{m}$$

Der dritte Weg l_3 läuft über drei Seiten des Tetraeders, ist genau 2 m lang und damit kürzer als die anderen beiden Strecken.

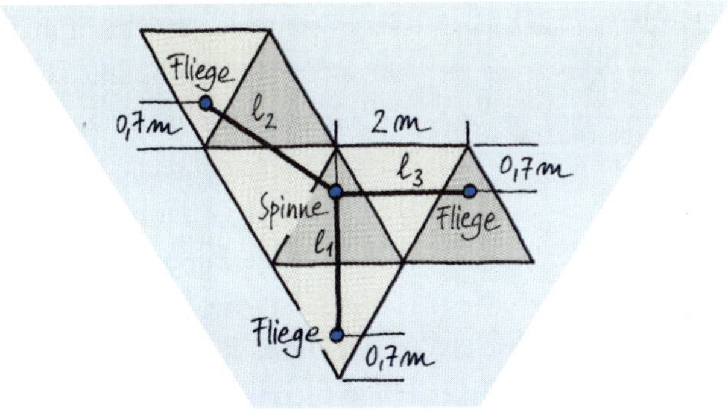

Die Wände, über die die Spinne läuft, müssen nicht unbedingt eben sein, um den Pappmodelltrick anwenden zu können. An einem zylinderförmigen Altbierglas, das eine Höhe von 16 cm und einen Umfang von 24 cm hat, sitzt auf der Innenseite, genau 2 cm über dem Boden, die Spinne. Auf der diametral gegenüberliegenden Seite hat sich 2 cm vom oberen Rand entfernt auf der Außenseite des Glases die Fliege niedergelassen. Welches ist der kürzeste Weg der Spinne zur Fliege?[6]

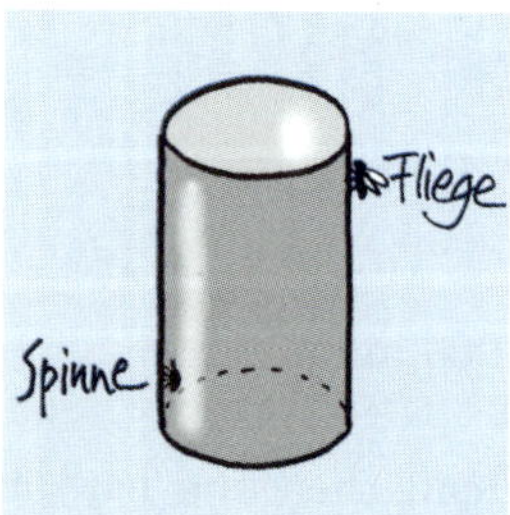

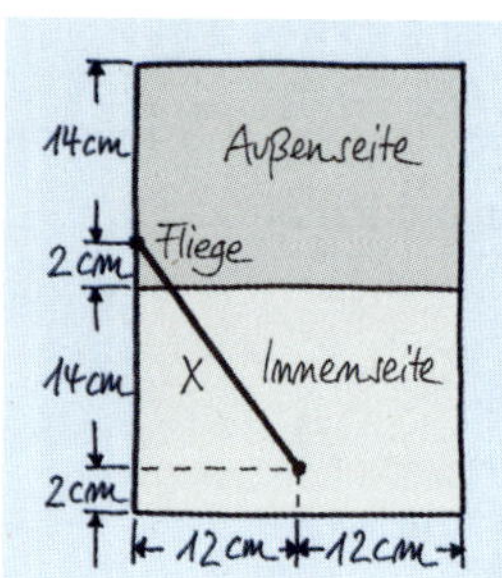

Um dieses Problem möglichst einfach lösen zu können, entfernt man in Gedanken den Boden des Altbierglases, schneidet die übrig gebliebene Röhre an einer Stelle auf und breitet sie auf dem Tisch aus. Auf diese Weise entsteht ein Rechteck, dessen eine Seite die Höhe und dessen andere der Umfang des Glases ist. Dieses Rechteck kann man noch flach durchspalten und entlang seines oberen Randes auseinander klappen und so Außen- und Innenseite des Glases trennen. Jetzt kann man den kürzesten Weg der Spinne zur Fliege als Gerade zeichnen. Er hat die Länge x.

$$x = \sqrt{16^2 + 12^2} \text{ cm} = 20 \text{ cm}$$

Eine besonders hübsche Variante dieses Problems stammt vom polnischen Mathematiker Hugo Steinhaus.[7] Auf einem Kegel, dessen kreisförmige Grundfläche einen Durchmesser von 10 cm und dessen Flanke eine Länge von 20 cm hat, sitzt auf halber Höhe eine Spinne. Die Spinne krabbelt einmal um den Kegel herum und gelangt wieder zu ihrem Ausgangspunkt zurück. Zufällig hat sie den kürzestmöglichen Weg genommen. Wie ist die Spinne gekrabbelt, und wie lang ist ihr Weg?

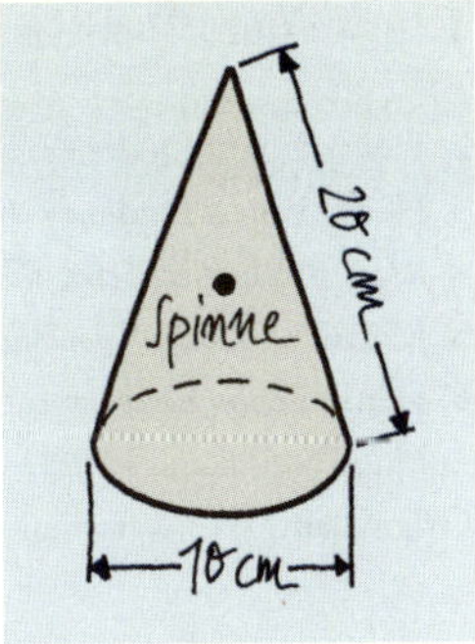

Zur Lösung schneidet man den Kegelmantel entlang der Flanke auf, auf der die Spinne sitzt, und breitet ihn flach aus. Das Ergebnis ist ein Kreisausschnitt. Da der Durchmesser der Kegelbasis 10 cm ist, beträgt ihr Umfang 10 π Zentimeter. Dies ist natürlich auch die Kreisbogenlänge des abgewickelten Kegelmantels. Der Radius des Kegelmantels, also die Flanke des Kegels, beträgt zwanzig Zentimeter. Wäre der Mantel ein Vollkreis, so hätte er einen Umfang von 40 π Zentimetern. Weil der Kreisbogen jedoch nur gerade ein Viertel davon ist, treffen sich die beiden den Ausschnitt begrenzenden Radien unter einem rechten Winkel. Einmal um den Kegel herumzulaufen, bedeutet nun für die Spinne, auf dem abgewickelten Kegelmantel von der Mitte des oberen Randes zur Mitte des linken Randes zu krabbeln. Der kürzeste Weg ist eine gerade Linie, deren Länge man leicht zu $10\sqrt{2} \approx 14{,}14$ cm berechnen kann.

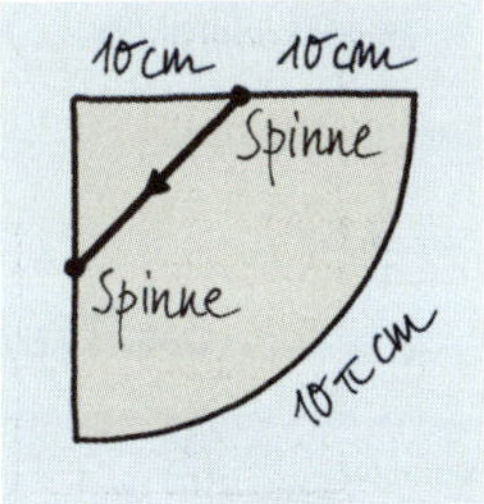

1 Henry Ernest Dudeney, *Puzzles and Curious Problems*, London 1931, S. 66, 161.

2 Henry Ernest Dudeney, *Daily Mail*, 1. Februar 1905, S. 7 (Aufgabe).

3 Henry Ernest Dudeney, *Daily Mail*, 8. Februar 1905, S. 7 (Lösung).

4 Martin Gardner, *Scientific American* 212, Februar 1965, S. 114, 116 (Aufgabe).

5 Martin Gardner, *Scientific American* 212, März 1965, S. 115, 117 (Lösung).

6 Henry Ernest Dudeney, *The Strand Magazine* 48, 1914, S. 95, 220.

7 Hugo Steinhaus, *Mathematical Snapshots*, New York 1950, S. 182 f.; (polnische Originalausgabe: Warschau 1938).

53. Ebbe und Flut

Leichtmatrose Kuddel kann auf der untersten Sprosse stehen bleiben, denn wenn der Wasserspiegel steigt, wird auch der Frachter hochgehoben.[1]

1 Hubert Phillips, *Brush Up Your Wits*, London 1936, S. 49, 106.

54. Der Blick auf den Würfel

Man kann alle sechs Seiten sehen. Dazu muss man sich nur ins Innere des Würfels setzen.[1]

1 David Wells, *Hidden Connections, Double Meanings*, Cambridge 1988, S. 10, 130, 135.

55. Die verschwundenen Karos

Dieses seltsame Paradoxon der verschwundenen Karos stammt von Martin Gardner. Es löst sich schnell auf, wenn man sich die beiden Dreiecke etwas genauer ansieht. Die Linien, die von den unteren Ecken zu den Spitzen laufen, sind nämlich nicht ganz gerade, sondern leicht geknickt. Dadurch wird aus dem ersten Dreieck ein nach innen gewölbtes und aus dem zweiten ein nach außen gewölbtes Fünfeck.[1]

Das erste Fünfeck hat eine helle, dreieckige Spitze mit einer Fläche von $\frac{1}{2}\,gh = \frac{1}{2}(4 \times 5) = 10$ Karos und eine dunkle, trapezförmige Basis mit einer Fläche von $\frac{1}{2}(a + b)h = \frac{1}{2}(10 + 4)7 = 49$ Karos. Seine Gesamtfläche beträgt also 59 Karos (g = Grundseite, h = Höhe, a und b = parallele Seiten des Trapezes).

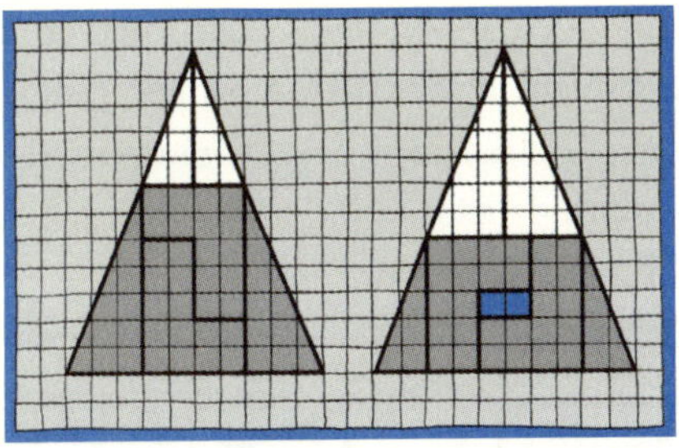

Beim zweiten Dreieck hat die helle Spitze eine Fläche von $\frac{1}{2}\,gh = \frac{1}{2}(6 \times 7) = 21$ Karos und die dunkle Basis von $\frac{1}{2}(a + b)h = \frac{1}{2}(10 + 6)\,5 = 40$ Karos. Zieht man die Lücke von zwei Feldern noch ab, so beträgt der Flächeninhalt des zweiten Fünfecks genau wie der des ersten 59 Karos.

Diese Aufgabe hat zahlreiche Varianten und Vorgängerinnen.

Eine der ältesten stammt von William Hooper aus dem Jahre 1774.[2] Ein Rechteck von 3 × 10 = 30 Karos wird in vier Teile zerschnitten, die anschließend zu einer hakenförmigen Fläche von 32 Karos zusammengelegt werden. Hier ist der Pferdefuß leicht zu erkennen: Die Ecken der vier Schnittflächen aus dem linken Bild fallen nicht alle mit Eckpunkten des Karomusters zusammen. In dem rechten Bild ist dies jedoch der Fall. Das bedeutet, die Schnittflächen im linken Bild sind andere und kleinere als die entsprechenden im rechten Bild.

Schon deutlich raffinierter ist eine Variante aus dem Jahre 1868. Ein Tischler zersägt ein 64-feldiges Schachbrett entlang der stark ausgezogenen Linien in vier Teile und leimt sie anschließend wieder zu einem rechteckigen Brett zusammen. Dabei stellt er fest, dass aus den 64 Feldern jetzt 65 geworden sind.[3] Woher kommt das zusätzliche Quadrat?

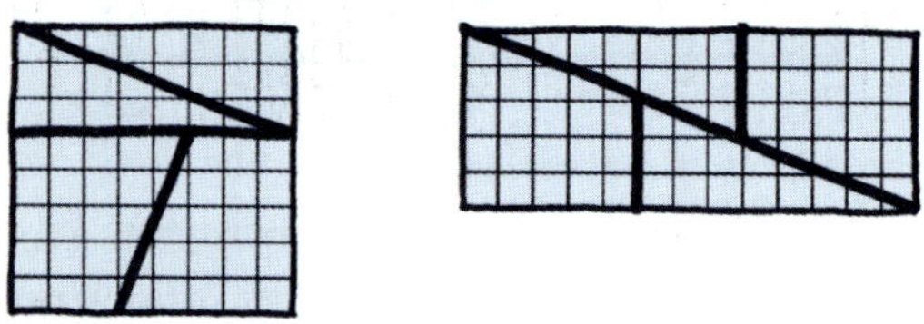

Natürlich wird auch hier die Anzahl der Quadrate beim Zersägen und Neuzusammenleimen nicht größer. Diese Täuschung entsteht dadurch, dass sich die vier Bruchstücke des quadratischen Schachbretts nicht lückenlos zu dem rechteckigen Brett zusammensetzen lassen.

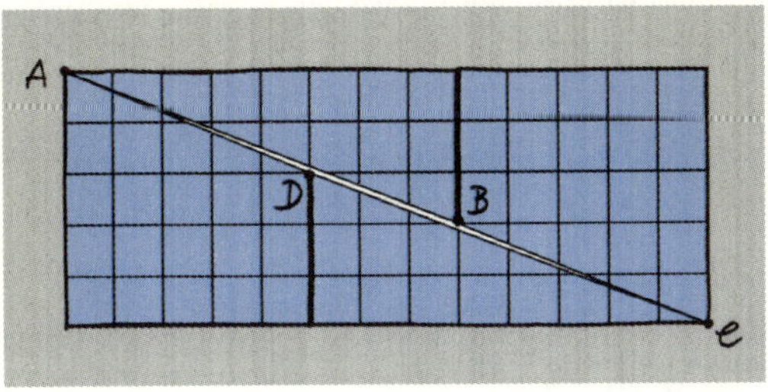

Die Linie *AC* ist in Wirklichkeit ein ganz schmaler viereckiger Spalt mit den Eckpunkten *A*, *B*, *C* und *D*. Er hat den Flächeninhalt eines Schachfeldes. Das Viereck ist so schmal, dass man es bei dick durchgezogenen Linien nicht von einer einzelnen Linie unterscheiden kann.

Der Amerikaner Paul Curry war wahrscheinlich der Erste, der durch Zerschneiden und erneutem Zusammensetzen einer Figur zwar deren äußere Form nicht änderte, dafür aber ein Loch im Inneren entstehen ließ. Der Trick hierbei ist der gleiche wie bei Gardners Dreieck. Tatsächlich hat Gardner, wie er selbst schreibt, auch nur Currys Rechteckzerlegung in eine Dreieckzerlegung abgewandelt.

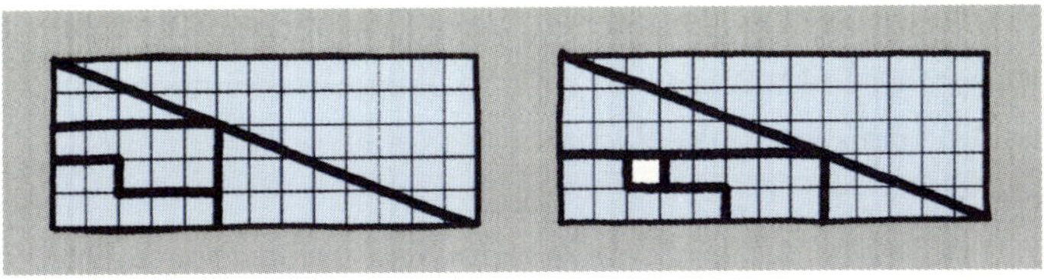

1 Martin Gardner, *Mathematics, Magic and Mystery*, New York 1956, S. 145–150.

2 William Hooper, *Rational Recreations*, Bd. 4, London 1774, S. 286 f.

3 Schl., *Zeitschrift für Mathematik und Physik* 13, 1868, S. 162. (Die Abkürzung «Schl.» steht wahrscheinlich für «Oskar Schlömilch».)

4 Paul Curry, in: Martin Gardner, *Mathematics, Magic and Mystery*, New York 1956, S. 139–145.

56. Amerika

Die Wörter «Amerika» und «endete» begannen immer schon mit einem «A» bzw. einem «e».[1]

1 E. Haldeman-Julius, *Problems, Puzzles and Brain-teasers*, Girard 1937, S. 18, 29.

57. Fast nur Wasser

Die 100 kg frischen Erdbeeren bestehen aus 99 kg Wasser und 1 kg Erdbeer-Trockenmasse. Da tagsüber nur Wasser verdunsten kann, nicht aber Trockenmasse, enthalten die eingetrockneten Erdbeeren am Abend immer noch 1 kg Trockenmasse. Da sie nun zu 98 Prozent aus Wasser bestehen, muss dieses 1 kg gerade 2 Prozent sein. Folglich sind 100 Prozent, also das Gesamtgewicht der eingetrockneten Erdbeeren, genau 50 kg.[1]
Das Ergebnis mag überraschend sein: Obwohl der Wassergehalt nur um einen Prozentpunkt sinkt, halbiert sich dennoch das Gewicht. Trotzdem ist die Rechnung natürlich richtig.

1 Hans Borucki, *Mathematik zum Schmökern*, Köln 1993, S. 168 f.

58. Die fünf ersten Präsidenten der USA

James Monroe, der fünfte Präsident der USA, starb an einem 4. Juli. Wäre er nicht an einem 4. Juli gestorben, so hätte höchstwahrscheinlich nicht in der Zeitung gestanden: «Von den ersten fünf Präsidenten starben drei an einem 4. Juli», sondern «Von den ersten vier Präsidenten starben drei an einem 4. Juli», denn dies klingt noch erstaunlicher. Folglich würde auch Herr Böck beim Raten auf Monroe tippen.[1]
Tatsächlich starben John Adams und Thomas Jefferson am 4. Juli 1826 und James Monroe am 4. Juli 1831.

1 Aaron J. Friedland, *Puzzles in Math and Logic*, New York 1970, S. 32, 64.

59. Das Ziegendilemma

Die Wahrscheinlichkeit, dass Sie bei Ihrer ersten Wahl die richtige Tür erraten, ist eins zu drei. Das Auto befindet sich also mit einer Wahrscheinlichkeit von zwei Dritteln hinter einer der beiden Türen, die Sie nicht gewählt haben. Öffnet nun der Moderator eine dieser zwei Türen und es befindet sich eine Ziege dahinter, so muss mit einer Wahrscheinlichkeit von zwei Dritteln das Auto hinter der anderen Tür stehen. Es ist also günstiger, bei Ihrer zweiten Wahl sich für diese Tür zu entscheiden, als bei Ihrer ersten zu bleiben.[1, 2, 3]

Dieses Problem sorgte 1990 und 1991 in den USA für großen Wirbel. Die amerikanische Journalistin Marilyn vos Savant gilt als der Mensch mit dem höchsten Intelligenzquotienten der Welt. In der Zeitschrift *Parade Magazine* stellte sie in ihrer Kolumne «Fragen Sie Marilyn» die korrekte Lösung der Aufgabe vor, die ihr der Leser Craig F. Whitaker in genau der Form gestellt hatte, wie sie auch hier beschrieben ist. Damit löste sie einen Sturm der Empörung aus. «Es gibt schon genug mathematische Unwissenheit in diesem Land. Wir brauchen nicht den höchsten IQ der Welt, um diese Unwissenheit zu vertiefen. Schämen Sie sich!», schrieb ein Akademiker an das *Parade Magazine.* Ein anderer Leser meinte: «Vielleicht haben Frauen eine andere Sicht mathematischer Probleme als Männer.» Marilyn vos Savant versuchte, in weiteren Kolumnen ihre Lösung zu erläutern, aber es half nichts. 92 Prozent der etwa 10 000 Briefe, die sie erhielt, wollten beweisen, dass sie sich geirrt hatte. Darunter befanden sich auch sehr viele Naturwissenschaftler und Mathematiker.

Im Juli 1991 schwappte dann die Welle nach Deutschland über, als in der Wochenzeitung *DIE ZEIT* über Frau vos Savant und das Ziegendilemma berichtet wurde. Die Reaktion war ähnlich wie in Amerika: In einer Flut von Leserbriefen sollte gezeigt werden, dass die Lösung von Marilyn vos Savant falsch war. Ein Professor aus Münster schrieb von der «verqueren Logik Frau vos Savants», andere sprachen von «Quatsch», «Nonsens», «typischen Laienfehlern» oder «haarsträubendem Unsinn». Trotzdem hatte Marilyn vos Savant natürlich Recht mit ihrer Lösung des Ziegendilemmas.

Whitaker und vos Savant haben das Ziegendilemma nicht erfunden. In einer Abwandlung findet man es schon 1959 in Martin

Gardners Kolumne «Mathematical Games» in der Zeitschrift *Scientific American.*[4, 5]
Drei Gefangene sind zum Tode verurteilt worden und warten in getrennten Zellen auf ihre Hinrichtung. Da beschließt der König, einen von ihnen zu begnadigen. Er schreibt die Namen der Gefangenen auf drei Zettel, mischt sie und zieht einen. Dann ruft er den Wärter der Todeszellen, nennt ihm den Namen des Begnadigten und bittet ihn, ihn aber noch für einige Tage geheim zu halten. Der Älteste der drei Gefangenen bekommt Wind von der Sache und bittet den Wärter, ihm den Namen des Begnadigten zu nennen. Der Wärter weigert sich. «Dann sag mir wenigstens», bat ihn der Gefangene, «den Namen von einem, der hingerichtet wird. Wird der Jüngste begnadigt, so nenne mir den Namen des Mittleren, und wird der Mittlere begnadigt, so den Namen des Jüngsten. Sollte ich selbst begnadigt werden, dann wirf eine Münze, um zu entscheiden, wessen Namen du mir dann verrätst.» Der Wärter verspricht, darüber nachzudenken. Am nächsten Tag sagt er dem Gefangenen, dass der Jüngste hingerichtet werden wird. Wie groß ist die Wahrscheinlichkeit, dass der älteste der drei Gefangenen begnadigt wird?
Das Problem hat die gleiche Struktur wie das Ziegendilemma. Folglich sind auch die Wahrscheinlichkeiten die gleichen. Die Chance, dass der Älteste begnadigt wird, beträgt also ein Drittel.

1 Craig F. Whitaker, in: Marilyn vos Savant, *Parade Magazine*, 9. September 1990, S. 22 (Aufgabe).

2 Marilyn vos Savant, *Parade Magazine*, 2. Dezember 1990, S. 28 (Lösung).

3 Marilyn vos Savant, *Parade Magazine*, 17. Februar 1991, S. 28 (Lösung).

4 Martin Gardner, *Scientific American* 201, Oktober 1959, S. 180, 182 (Aufgabe).

5 Martin Gardner, *Scientific American* 201, November 1959, S. 188 (Lösung).

60. Der Weg des Bücherwurms

Wenn die Bücher ordnungsgemäß ins Regal gestellt wurden, also der zweite Band rechts vom ersten Band steht, dann liegen der vordere Buchdeckel des ersten Bandes und der hintere Deckel des zweiten Bandes direkt aneinander. Der Bücherwurm braucht sich also nur durch einen Deckel zu nagen, wofür er drei Tage benötigt, um auf den hinteren Deckel des zweiten Bandes zu stoßen.[1]

1 Sam Loyd (Hg.), *Sam Loyd's Cyclopedia of 5000 Puzzles, Tricks and Conundrums with Answers*, New York 1914, S. 327, 383.

61. Ein rechtwinkliges Zwölfeck

Wenn man annimmt, dass das Zwölfeck konvex ist, also keine Einbuchtungen hat, so kann es nicht rechtwinklig sein. Dies wurde jedoch keineswegs vorausgesetzt. Die Abbildung zeigt ein gleichseitiges Zwölfeck, bei dem die benachbarten Seiten rechtwinklig aufeinander treffen.[1]

1 Emile Fourrey, *Curiosités Géométriques*, Paris 1907, S. 426.

62. Das Münzloch

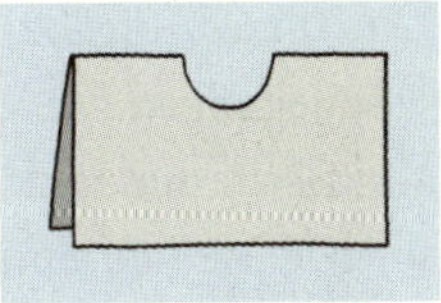

Der Umfang des Lochs in dem Blatt Papier braucht nur etwas mehr als doppelt so groß zu sein wie der Durchmesser der Münze. Das heißt, es reicht aus, wenn das Loch einen Durchmesser von gut $d = 2 \times 23{,}25$ mm / $\pi \approx 14{,}8$ mm hat. Der Trick, das Geldstück durch diese Öffnung zu bringen, besteht darin, dass man das Blatt Papier vorher falten muss.[1]

Zunächst wird der Bogen entlang eines Lochdurchmessers doppelt gelegt. Dann wird das Papier strahlenförmig vom Lochmittelpunkt weg gefältelt, sodass der Kreisumfang in viele Bogenstücke zerlegt wird, die sich entlang einer Geraden anordnen.

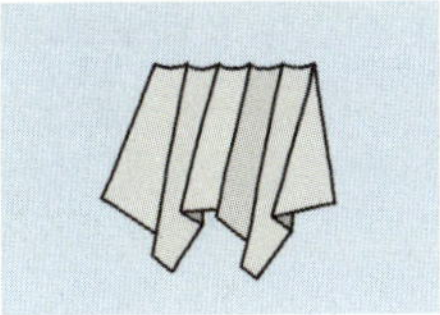

Im Grenzfall, bei unendlich vielen Fältelungen, ist der Halbkreis zur Geraden geworden. Diesen Grenzfall wird man jedoch nie erreichen. Außerdem muss man auch berücksichtigen, dass die Münze und das Papier endliche Dicken haben.

1 Louis Hoffmann (Pseudonym von Angelo John Lewis), *Puzzles Old and New,* London 1893, S. 356, 393.

63. Schneckentempo

Um diese Aufgabe zu lösen, stellen viele Menschen folgende Überlegungen an: Wenn die Schnecke am Tag 5,25 Meter hinaufkriecht und in der Nacht 3,50 Meter wieder hinunterrutscht, so hat sie an einem Tag und in einer Nacht zusammen 5,25 – 3,50 = 1,75 Meter an Höhe gewonnen. Um die Gesamtzeit zu erhalten, teilt man die Länge der Stange durch 1,75 Meter. Dies ergibt zehn Tage und Nächte.

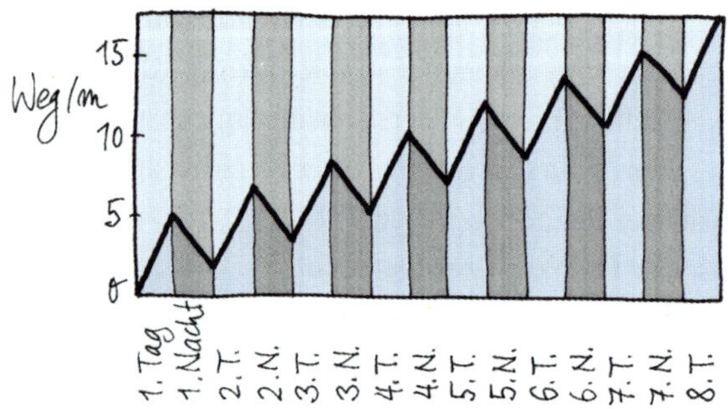

Aber die Rechnung ist falsch. Die Schnecke erreicht die Spitze der Fahnenstange bereits nach acht Tagen und sieben Nächten, denn es gilt 8 × 5,25 m – 7 × 3,50 m = 17,00 m.[1] Man sieht dies auch leicht an einem Weg-Zeit-Diagramm.

1 Anonymus, Columbia-Algorismus (Codice antichissimo di Algorismo, X 511, Al 3), italienisches Manuskript, das seit 1902 im Besitz der Columbia-Universität in New York ist, Problem Nr. 67, Blatt 33, ca. 1370.

64. Sockenprobleme

Da das Paar keine bestimmte Farbe haben muss, reicht es aus, drei Socken von der Leine zu nehmen.[1]

1 Orville A. Sullivan, *Scripta Mathematica* 9, 1943, S. 116, 118.

65. Das geheimnisvolle Symbol

Die Lösung ist lächerlich einfach: Das Symbol ist das Dezimalkomma.[1,2]

$$2 < 2{,}3 < 3$$

1 Martin Gardner, *Scientific American* 225, Juli 1971, S. 106 (Aufgabe).
2 Martin Gardner, *Scientific American* 225, August 1971, S. 105 (Lösung).

66. Denksport mit Wein

Ein einziger Zug reicht aus. Man muss dazu nur das zweite Glas nehmen, seinen Inhalt in das fünfte gießen und es dann wieder auf seinen Platz zurückstellen.[1]
Bei einer Variante dieser Aufgabe stehen fünf Gläser in einer Reihe: Die mittleren drei Gläser sind mit Wein gefüllt, und die beiden äußeren sind leer.[2] Versuchen Sie auch diesmal, mit möglichst wenigen Zügen die Gläser so anzuordnen, dass in der

Reihe immer abwechselnd ein leeres und ein volles Glas stehen. Die Abstände der Gläser dürfen zum Schluss nicht größer sein als zu Anfang. Dabei ist ein Zug wiederum die Bewegung eines einzelnen Glases.

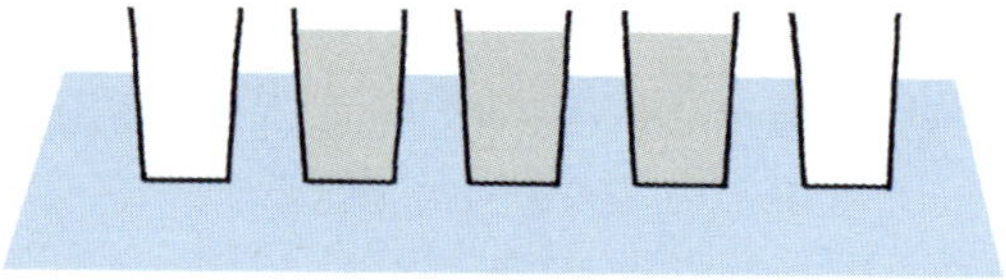

Das Problem lässt sich mit einem einzigen Zug lösen: Man nimmt das mittlere Glas, trinkt es aus und stellt es wieder zurück.

1 Martin Gardner, *Scientific American* 208, April 1963, S. 160, 163, 166.

2 Helmut Postl, im vorliegenden Buch.

67. Bierdeckelgeometrie

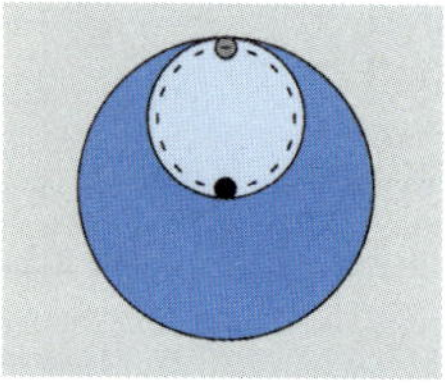

Es reicht aus, den Bierdeckel in zwei Teile zu zerschneiden. Es gibt eine ganze Menge Möglichkeiten, wie dieser Schnitt verlaufen kann, sodass nach dem Neuzusammensetzen der beiden Teile der Ketchupfleck im Mittelpunkt des Deckels zu liegen kommt. Mit der hier gezeigten Methode ist es sogar möglich, den Fleck an eine beliebige Stelle des Deckels zu bringen.

Dazu wird ein Kreis aus dem Deckel geschnitten, der den Deckelrand an derselben Stelle berührt wie der Fleck und der einen Durchmesser hat, der gleich der Summe aus dem Deckel- und dem Fleckradius ist. Diesen ausgeschnittenen Kreis kann man in das entstandene Loch im Deckel so setzen, dass der Fleck genau auf den Mittelpunkt fällt.[1]

Das Problem ist eine Variante des «Tricks des Königs von Siam» von Sam Loyd.[2] An einer Ecke einer rechteckigen Fahne ist das Bild eines Elefanten zu sehen. Die Fahne soll nun in möglichst wenige Teile zerschnitten und danach wieder so zusammengenäht werden, dass der Elefant anschließend in der Mitte der Fahne zu sehen ist. Die Aufgabe kann mit dem gleichen Trick gelöst werden wie das Bierdeckelproblem.

1 Anonymus, *Quantum* 8, Juli-August 1998, S. 11, 52.

2 Sam Loyd (Hg.), *Sam Loyd's Cyclopedia of 5000 Puzzles, Tricks and Conundrums*, New York 1914, S. 305, 380.

68. Der Weg des Hundes

Ein mathematisch geschulter Verstand entdeckt bei dieser Aufgabe sofort eine unendliche Reihe und sucht mithilfe der Mathematik der Reihen die Lösung. Diese Methode führt zum Ziel, ist aber sehr unwirtschaftlich. Es geht auch viel einfacher.

Um die Länge des Weges, den der Hund läuft, zu berechnen, braucht man nicht die einzelnen Teilstrecken zusammenzuzählen. Man kann sie aus der Geschwindigkeit und der Zeit ermitteln. Der Jäger braucht für die zehn Kilometer lange Strecke zwei Stunden, genauso lange ist der Hund unterwegs. Er hat eine Geschwindigkeit von fünfzehn Kilometern pro Stunde, also legt er $2 \times 15 = 30$ Kilometer zurück.[1]

Von diesem Rätsel gibt es eine hübsche geometrische Variante.[2] In ein gleichschenkliges Dreieck mit der Schenkellänge 13 und der Grundseitenlänge 10 ist der Inkreis eingezeichnet und eine unendliche Folge weiterer Kreise, die jeweils die beiden gleichen Schenkel des Dreiecks und den nächstgrößeren und nächstkleineren Kreis berühren. Wie groß ist die Summe der Umfänge aller Kreise?

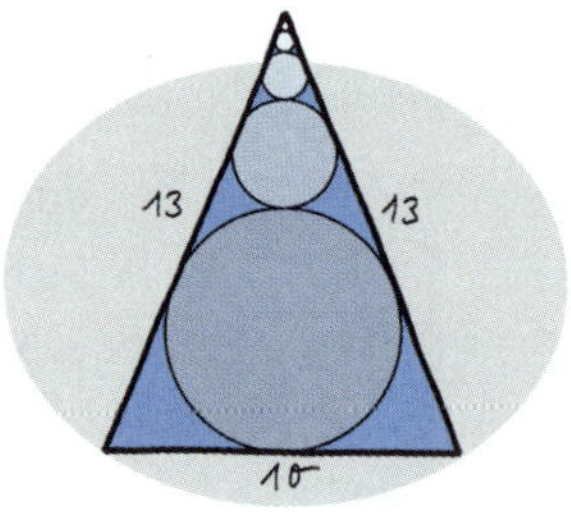

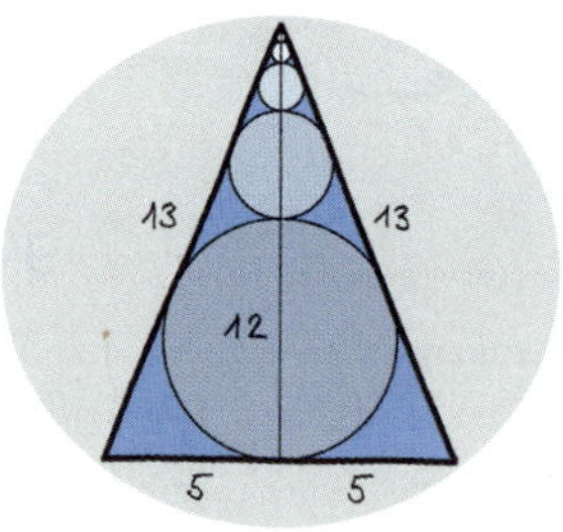

Der Umfang eines Kreises ist das π-fache seines Durchmessers, die Summe aller Umfänge folglich das π-fache der Summe aller Durchmesser. Die Summe aller Durchmesser ist aber gleich der Dreieckshöhe *h*, die man leicht mit dem Satz des Pythagoras berechnen kann.

$$h = \sqrt{13^2 - 5^2} = 12$$

Die Summe der Umfänge ist somit $12\pi \approx 37{,}699$.

1 Charles-Ange Laisant, *Initiation Mathématique*, Paris 1906, S. 132 f.

2 Litton Industries (Hg.), *Problematical Recreations*, Heft 4, Beverly Hills o. J. [1964 ?], Aufgabe 7.

69. Eine seltsame Heirat

Die seltsame Heirat des Herrn Imenides ist nicht unmöglich. E. P. Imenides heiratete, und noch vor dem 5. November 1955 wurde er geschieden oder seine Frau starb. Am 5. November 1955 heiratete er die Schwester seiner ersten Frau. Seine zweite Frau überlebte ihn und wurde somit seine Witwe. Folglich heiratete Herr Imenides bei seiner ersten Hochzeit tatsächlich die Schwester seiner Witwe.[1]

1 Tom Werneck, *Denk-Spielereien*, München 1979, S. 45, 132.

70. Jagd auf den König

Der Springer wechselt mit jedem Zug die Farbe seines Feldes. Steht er beispielsweise auf einem weißen Feld und Moritz zieht mit dem König nun auch auf ein weißes Feld, so muss Max mit dem Springer danach auf ein schwarzes Feld wechseln und kann den König deshalb nicht schlagen. Moritz kann also mit dem König, indem er mit jedem Zug die Farbe des Feldes wechselt, beliebig lange Max' Springer ausweichen und das Spiel somit problemlos gewinnen.[1]

1 David L. Silverman, *Your Move*, New York 1971, S. 29 f.

71. Schneidekünste

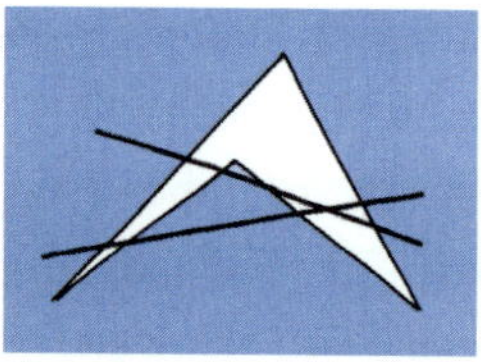

Ein konvexes Viereck kann man mit zwei geraden Schnitten höchstens in vier Stücke zerlegen; wenn es jedoch Einbuchtungen hat, lässt es sich ohne weiteres in sechs Stücke zerschneiden.[1]

1 Richard Zehl, *Denken mit Spaß 2*, Wien 1984, S. 105.

72. Heikle Jahreszählung

Ein Jahr 0 gibt es nicht. Die Zählung der Jahre beginnt mit dem Jahr 1 nach Christi Geburt, und das Jahr davor ist das Jahr 1 vor Christi Geburt. Auf den 31. Dezember 1 v. Chr. folgt also direkt der 1. Januar 1 n. Chr.

Der Abstand von einem bestimmten Datum eines Jahres v. Chr.

zu dem gleichen Datum eines Jahres n. Chr. ist darum nicht einfach die Summe der beiden Jahreszahlen, sondern ein Jahr weniger als die Summe. Beispielsweise sind vom 1. Januar 1 v. Chr. bis zum 1. Januar 1 n. Chr. nicht zwei Jahre, sondern nur ein Jahr verstrichen. Folglich haben sich Ciceros Tod und Ovids Geburt nicht schon 1957, sondern erst 1958 zum zweitausendsten Mal gejährt.
Die italienische Post hatte übrigens im letzten Jahrhundert auch Probleme mit dem nicht vorhandenen Jahr 0. Sie gab 1957 zwei Gedenkbriefmarken heraus mit den Aufschriften «Bimillenario Ovidio 43 AC–1957» und «Cicerone 43 AC–1957».[1]

1 Wilhelm Fickert, *Kürübungen zum Denken*, Göttingen 1982, S. 28, 124.

73. Die Parole

Der Türsteher will von den Besuchern des Intelligenzlerclubs die Anzahl der Buchstaben wissen, die das Zahlwort hat, das er ihnen nennt. Nick Knatterton hätte also mit «Acht» antworten müssen, um eingelassen zu werden.[1]

1 Michael Winckler und Neeraj Bankar, Internet, *MARP-Rätselarchiv*, Puzzle Nr. 31, www.iwr.uni-heidelberg.de/~Michael.Winckler/PU/p031.html, 1997.

74. Eine Zehnsekundenaufgabe

Rollt man die Aufgabe von hinten auf, ist sie ganz einfach: Neun Zehntel von 100 sind 90, acht Neuntel von 90 sind 80, sieben Achtel von 80 sind 70 usw., bis schließlich die Hälfte von 20 gerade 10 ist.[1]

1 Erwin Brecher, *The Ultimate Book of Puzzles, Mathematical Diversions, and Brainteasers,* New York 1996, S. 43, 182.

75. Die Tücken viereckiger Schachteln

Eine viereckige Schachtel stellt man sich gewöhnlich quaderförmig wie einen Schuhkarton vor. Aber das ist falsch: Eine quaderförmige Schachtel hat zwar einen viereckigen Grundriss, aber sie hat acht Ecken. Die einzig mögliche Schachtel mit vier Ecken hat die Form eines Tetraeders, und ein Tetraeder hat vier dreieckige Seitenflächen.[1] Verpackungen dieser Form waren auch

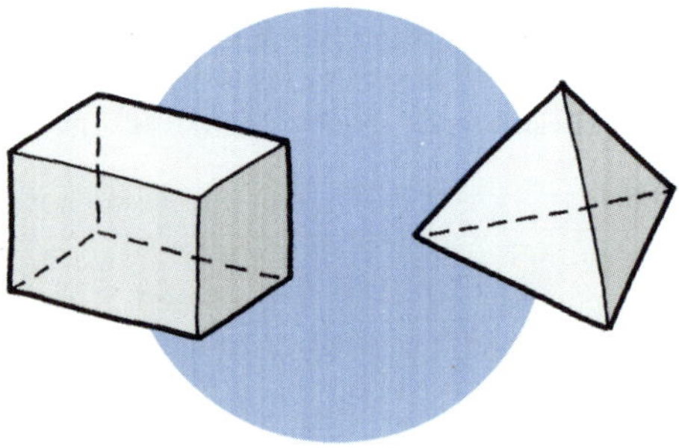

tatsächlich eine Zeit lang unter dem Namen «Tetrapac» in den Sechziger- und Siebzigerjahren des letzten Jahrhunderts für Fruchtsäfte im Handel.

1 Ulrich Graf, *Kabarett der Mathematik*, Dresden 1942, S. 10 f., 13.

76. Methusalems Alter

Falls Methusalem am 31. Dezember Geburtstag hat und 100 Jahre alt geworden ist und er seine Behauptung am 1. Januar aufstellt, dann ist sie wahr: Zwei Tage zuvor, am 30. Dezember, war er noch 99, am 31. Dezember des aktuellen Jahres wird er 101 und im darauffolgenden Jahr 102 Jahre alt.[1,2]
Bei einer Variante dieses Problems wird Methusalem vom einem Reporter gefragt: «Wie alt sind Sie an Ihrem letzten Geburtstag geworden?» – «99 Jahre», antwortet Methusalem. «Dann werden Sie also an Ihrem nächsten Geburtstag 100 Jahre alt werden, nicht wahr?», meint der Reporter. «Nein!», erwidert Methusalem. Ist es möglich, dass Methusalem die Wahrheit gesagt hat?[3]
Wenn das Interview exakt an Methusalems Geburtstag stattgefunden hat, dann hat er nicht gelogen: An seinem letzten Geburtstag ist er 99 Jahre alt geworden, und an seinem nächsten Geburtstag wird er 101 Jahre alt werden.

1 Martin Gardner, *Scientific American* 208, Januar 1963, S. 145 (Aufgabe).
2 Martin Gardner, *Scientific American* 208, Februar 1963, S. 156 (Lösung).
3 Heinrich Hemme, *Die Quadrate des Teufels*, Göttingen 2003, 50, 124.

77. Die wundersame Biervermehrung

Der Satz der Aufgabe «Ein halb volles Glas Bier ist das Gleiche wie ein halb leeres Glas Bier» und die Gleichung «½ volles Glas Bier = ½ leeres Glas Bier» bedeuten etwas völlig Verschiedenes. Ein halb volles und ein halb leeres Glas Bier sind zwei Biergläser, die bis zur Hälfte mit Bier gefüllt sind. Beide sind also wirklich gleich. Auf der anderen Seite stellt ½ volles Glas Bier ein bis zum Rand gefülltes Glas Bier dar, das man halbiert hat. Man hat also den halben Inhalt, das halbe Glas, den halben Henkel und den halben Fuß. Dementsprechend ist ein ½ leeres Glas Bier ein halbiertes leeres Bierglas.
Die Gleichung «½ volles Glas Bier = ½ leeres Glas Bier» ist folglich falsch, deshalb kommt auch bei der Erweiterung mit 2 leider nur Unsinn heraus.[1]

1 Theodor Wolff, *Der Wettlauf mit der Schildkröte*, Berlin 1929, S. 159, 167.

78. Liebe nach Fahrplan

Es ist kein Zufall, dass der junge Mann neunmal häufiger die Blondine als die Schwarzhaarige besucht, sondern eine Folge des Fahrplans. Die Busse nach Brand fahren immer um 0, 10, 20, 30, 40 und 50 Minuten nach jeder vollen Stunde, während die nach Richterich um jeweils 9, 19, 29, 39, 49 und 59 Minuten nach jeder vollen Stunde abgehen. Das bedeutet, trifft er in dem

Zeitraum von 0 und 9 Minuten nach der Abfahrt eines Busses nach Brand am Bahnhof ein, wird er einen Bus nach Richterich erwischen; gelangt er aber in der Zeit von 9 bis 10 Minuten danach an, bekommt er einen Bus nach Brand. Der erste Zeitraum ist neunmal so lang wie der zweite, deshalb ist die Wahrscheinlichkeit auch neunmal so groß, nach Richterich zu fahren als nach Brand.[1, 2]

1 Martin Gardner, *Scientific American* 196, Februar 1957, S. 154 (Aufgabe).
2 Martin Gardner, *Scientific American* 196, März 1957, S. 166 (Lösung).

79. Die Überquerung des Atlantiks

Es sind nicht nur sieben oder acht Fähren, die man unterwegs trifft. Man vergisst schnell, dass man auch noch Schiffen begeg-

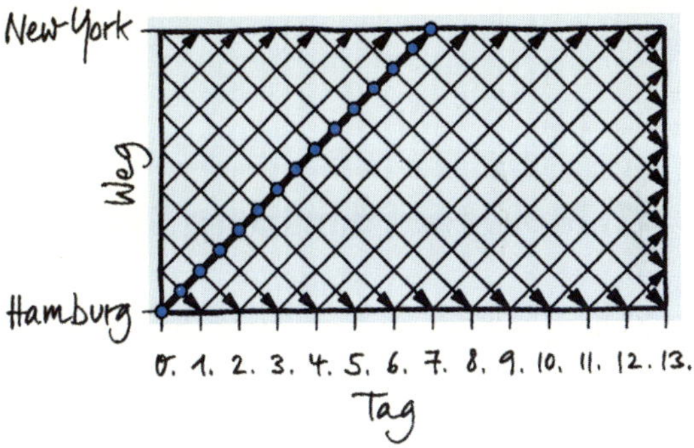

net, die schon mehrere Tage vor dem eigenen abgefahren sind. An einem einfachen Weg-Zeit-Diagramm kann man leicht ablesen, dass man unterwegs fünfzehn Fähren trifft, einschließlich der beiden, denen man beim Ab- und Anlegen begegnet.[1]

1 Louis Mittenzwey, *Mathematische Kurzweil*, Leipzig 1880, S. 14 f., 66.

80. Die fragliche Relation

Die Aufgabe kann man algebraisch und umständlich rechnen, aber es geht auch sehr einfach und elegant.
Nach dem Vermischen enthalten beide Gläser wieder so viel Wein wie vorher. Der Rotwein, der nicht mehr im Rotweinglas, sondern im Weißweinglas ist, wurde also durch eine gleich große Weißweinmenge ersetzt. Folglich ist genauso viel Weißwein im Rotwein wie Rotwein im Weißwein.

1 Walter William Rouse Ball, *Mathematical Recreations and Problems*, 3. Aufl. London 1896, S. 26 f.

81. Moses auf dem Berg Sinai

Es gibt mit Sicherheit einen solchen Punkt. Stellen wir uns vor, es war nicht nur Moses, der an verschiedenen Tagen auf- und abstieg, sondern Moses und Aaron waren gleichzeitig unterwegs. Moses stieg den Berg Sinai hinauf, und Aaron stieg ihn hinab. Aaron ging dabei genauso schnell beziehungsweise langsam und machte die gleichen Pausen wie Moses sie am nächsten Tag machte. Irgendwo auf dem Weg mussten sich die beiden treffen, das ließ sich gar nicht vermeiden. Und das ist der Punkt, wo der Moses an beiden Tagen zur gleichen Uhrzeit am selben Ort war.

1 Karl Duncker, *Zur Psychologie des produktiven Denkens*, Berlin 1935, S. 67.

Register

S 4/3

Christoph Drösser

Stimmt's, Herr Drösser, dass Ihre Bücher süchtig machen?

Stimmt's?
Moderne Legenden im Test
rororo 60728
«Bier auf Wein, das lass sein – Wein auf Bier, das rat ich dir.» Stimmt's? Alltagsweisheiten auf dem Prüfstand.

Stimmt's?
Noch mehr moderne Legenden im Test. rororo 60933

Stimmt's?
Neue moderne Legenden im Test
rororo 61489

Stimmt's?
Moderne Legenden im Test – Folge 4
rororo 62064

Stimmt's?
Freche Fragen, Lügen und Legenden für clevere Kids
rororo 21310
Stimmt's, dass Pinguine umfallen, wenn Flugzeuge über sie hinwegfliegen? Gähnen ansteckend ist? Pupse brennbar sind?

Stimmt's?
Moderne Legenden im Test – Folge 5
Alltagsweisheiten auf dem Prüfstand: Christoph Drösser erweitert seine Kolumnen um interessante Tatsachen, die er bei der Recherche gefunden hat oder die ihm Leser nach dem Erscheinen zuschickten

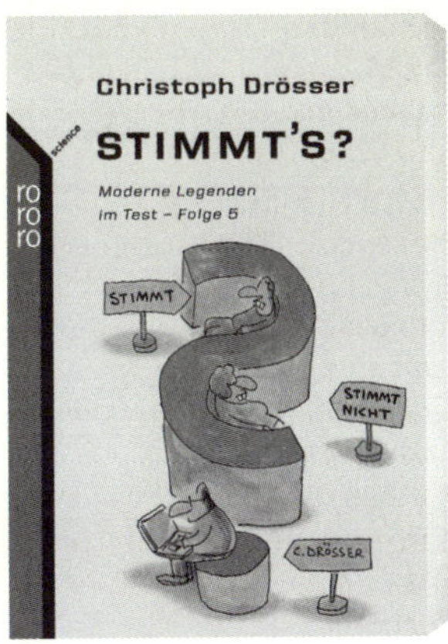

rororo 62310

Weitere Informationen in der Rowohlt Revue oder unter www.rororo.de